Christian KIMPANGI KING

FEMME SOUS LES LUNETTES DE DIEU

Christian KIMPANGI KING

FEMME SOUS LES LUNETTES DE DIEU

Éditions Croix du Salut

Imprint
Any brand names and product names mentioned in this book are subject to trademark, brand or patent protection and are trademarks or registered trademarks of their respective holders. The use of brand names, product names, common names, trade names, product descriptions etc. even without a particular marking in this work is in no way to be construed to mean that such names may be regarded as unrestricted in respect of trademark and brand protection legislation and could thus be used by anyone.

Cover image: www.ingimage.com

Publisher:
Éditions Croix du Salut
is a trademark of
Dodo Books Indian Ocean Ltd. and OmniScriptum S.R.L publishing group

120 High Road, East Finchley, London, N2 9ED, United Kingdom
Str. Armeneasca 28/1, office 1, Chisinau MD-2012, Republic of Moldova, Europe
Managing Directors: Ieva Konstantinova, Victoria Ursu
info@omniscriptum.com

Printed at: see last page
ISBN: 978-620-8-86347-0

REMERCIEMENTS

Mes remerciements sont adressés principalement à celui qui m'a racheté à un grand prix (Jésus-Christ) et à l'enseignant par excellence (Saint Esprit).

Je remercie également ces deux personnalités ecclésiastiques qui ont marqué ma vie spirituelle : Révérend Nathan KILOLA (RNK) qui a posé le fondement de mon salut et m'a appris le ABC de l'Evangile, et Mgr FRANCK AGUIEVO EZEDE qui m'a donné la taille ministérielle.

Un grand merci à la grande famille « Jésus-Christ mon sourire » pour leur soutien d'une manière ou d'une autre.

Sans oublier, la servante de Dieu NERRA L.K qui a fait l'office de la secrétaire pour la saisie de cet ouvrage.

Que tout héros dans l'ombre qui a contribué de près ou de loin, d'une manière ou d'une autre trouve ma gratitude.

DEVOUEMENT

Pour honorer le sacrifice d'une mère, mon premier livre est affectueusement dédié à ma mère Christine MUNIONIO pour son attention et son amour qui m'ont accompagné jusqu'ici.

A toutes les femmes vaillantes et entrepreneuses capables d'affronter les obstacles de la vie pour se faire une place dans la société.

INTRODUTION

Aujourd'hui, l'apport de la femme dans le monde évangélique et dans la société n'est pas effectif à cause de la philosophie ou l'entendement humain, de la coutume ou tradition des peuples, de la religion ou croyance des hommes, de la manipulation satanique, des hérésies, de la fausse doctrine,…

Il suffit de regarder autour de nous pour constater comment la femme est traitée de tous les mots. Elle est traitée de bouc émissaire, de septième bête après le crapeau, dans ma langue nationale, on dit : « KOLIA NA MWASI KOLIA NA NDOKI » qui veut dire littéralement : « Manger avec une Femme, c'est manger avec une sorcière », voilà combien la femme est traitée de sorcière.

Parfois, cette belle créature de Dieu est traitée avec mépris, discrimination, jalousie, injustice, extrémisme, etc. La Femme est devenue un sujet à débat et contestations.

Le cri de l'émancipation et de la parité ne suffit toujours pas pour donner à la femme sa vraie image, sa vraie identité, sa dignité ou sa valeur authentique dans la société humaine.

La mauvaise conception de la Femme a engendré aujourd'hui, la discrimination de sexe, l'isolement, l'exploitation ou l'instrumentalisation de celle – ci, etc. empêchant la femme de jouir pleinement de son bonheur d'être créée à l'image de Dieu.

Dans le monde de l'évangile, pour empêcher la femme à jouer pleinement son rôle, on se sert abusivement des écrits de L'Apôtre Paul. Cependant, en lisant cet ouvrage, nous comprendrons si réellement dans le langage de Paul, il était question d'interdire à la femme de donner son apport pour la promotion de l'évangile de Jésus – christ ; Nous saurons aussi à quelle catégorie des femmes l'apôtre s'adressaient – il.

En effet, étant donné que la philosophie, la science, la religion, la coutume ou tradition, etc. Ne sont pas capables de nous présenter la vraie image de la femme, nous retournons au propriétaire de la Femme pour nous donner la vraie valeur de sa créature.

C'est pour cette raison, nous parlons de « LA FEMME SOUS LES LUNETTES DE DIEU ».

En le lisant objectivement, sans extrémisme, avec une intelligence renouvelée par Le Saint Esprit, ce livre deviendra un support important pour la promotion du ministère de la femme et de la restauration de sa dignité sans évoquer l'émancipation et la Parité.

CHAP I : FEMME A LA CREATION

Avant de parler de la femme à la création, il sied de signaler que le récit de la création de l'homme en général et de la femme en particulier, tel que repris dans les deux premiers chapitres de Genèse, présente une équivoque à cause de la disposition des versets bibliques. C'est pourquoi, nous commençons par présenter la disposition logique des versets dans les deux premiers chapitres du livre de Genèse.

1.1. LA DISPOSITION LOGIQUE DES VERSETS DE DEUX PREMIERS CHAPITRES DE GENESE

Comme nous l'avions dit ci-haut, la mauvaise disposition des versets des chapitres 1 et 2, crée une mauvaise compréhension sur la création de l'homme et la femme. Lorsqu'on lit Génèse 2 :1-4, on voit un Dieu qui a fini son travail et qui se repose tandis que la suite de ce chapitre (Genèse 2 :5-24) présente un Dieu qui continue encore à travailler pour créer l'homme. C'est paradoxal.

Avec l'intelligence renouvelée par le Saint-Esprit, nous donnons la disposition logique des versets de ces deux premiers chapitres du livre des origines pour lever l'équivoque sur la création de l'homme en général, et de la femme en particulier.

Pour une meilleure compréhension, voici comment doivent se classer les versets dans une suite logique : Genèse 1 :1-26 Genèse 2 :5-25 genèse 1 :27, 2 :4

- Génèse 1 :1-26 la création des cieux et de la terre, et toute leur armée ;
- Génèse 2 :5-25 le détail sur la création de l'homme et la femme (comment l'homme et la femme ont été créés)
- Génèse 1 :27-31 le but de la création de l'homme et la femme (mission ou mandant)
- Génèse 2 :1-4 la fin de la création et le repos de Dieu.

Après la disposition logique des versets, nous parlerons de la pensée de créer l'homme (l'Etre humain).

1.2. LA PENSEE DE CREER L'HOMME (ETRE HUMAIN)

Dans la bible, pour la première fois, l'homme est mentionné dans Genèse 1 :26 ; Dieu dit : faisons l'homme à notre image, selon notre ressemblance, et qu'il domine…

Ici, homme ne désigne pas un être humain male ou de sexe masculin, mais plutôt un être humain (en général) ; une personne, homme ou femme ; l'espèce humaine dans son ensemble. Par-là, nous pouvons dire que la femme est un homme. Ce qui est traduit en français par homme en hébreux, c'est ADAM.

Ici, on ne voit pas encore l'idée du sexe, mais Dieu a besoin d'avoir son image et sa ressemblance sur la terre. C'est pourquoi Dieu dit : Faisons l'être humain, à notre image, selon notre ressemblance, et qu'il domine…

Dieu n'a pas de sexe, c'est pourquoi être l'image et la ressemblance de Dieu et dominer n'exigent pas le sexe.

1.3. L'ŒUVRE DE LA CREATION DE L'HOMME

Genèse 2 :5-25 donne le détail sur la création de l'homme en général et la femme en particulier.

Dans Genèse 2 :5-7, il est écrit : lors que l'Eternel Dieu fit une terre et des cieux, aucun arbuste des champs n'était encore sur la terre, et aucune herbe des champs ne germait encore : car l'Eternel Dieu n'avait pas fait pleuvoir sur la terre, et il n'y avait pas d'homme pour cultiver le sol.

Mais une vapeur s'éleva de la terre, et arrosa toute la surface du sol. L'Eternel Dieu forma l'homme de la poussière de la terre, et il souffla dans ses narines un souffle de vie et l'homme devint un être vivant.

Pour marquer l'origine de tout être humain, formé de la poussière de la terre, cet homme prendra le nom d'Adam. Il est tiré d'ADAMA, le «sol» que d'autres civilisations ont appelée «la terre-mère».

ADAMA, en hébreu signifie «fait de terre rouge» ou «homme façonné avec de la terre rouge».

Il sied de dire que tant de fois que le mot Adam se trouve dans les cinq premiers chapitres de la Genèse, il n'a le caractère de nom propre qu'une fois (Genèse 5 :3-5), dans la généalogie sacerdotale introduit par le raccord du rédacteur partout ailleurs, dans le récit, il sert pour raconter les débuts du genre humain (homo) et non la biographie d'un homme.

Donc le mot Adam, au sens large désigne tout être humain (mâle ou femelle) et au sens stricte, être humain de sexe masculin.

Dans le sens large, on peut dire que la femme est aussi Adam car Genèse 5 :2 dit : «Il créa l'homme et la femme, il les bénit, et il les appela du nom d'homme lorsqu'ils furent crées».

1.4. LA VRAIE IMAGE SUR LA CREATION DE LA FEMME

Genèse 2 :18 L'Eternel Dieu dit : Il n'est pas bon que l'homme soit seul ; je (Dieu) lui ferai une aide semblable à lui.

Il est à noter que ce n'est pas l'homme qui a demandé à Dieu de lui faire une aide semblable. Mais c'est Dieu lui-même qui a vu qu'il n'était pas bon qu'il y ait un seul être humain sur la terre.

Dieu n'a pas dit que je lui ferai une femme, mais plutôt une aide semblable (un être humain)

Quelques questions méritent d'être posées : Pourquoi Dieu n'a – t-il pas dit directement que je lui ferai une Femme ?

Pourquoi cet être devait être une aide semblable, au lieu de différente ? Et pourquoi cette aide semblable devait avoir un sexe différent de celui de l'homme ?

Le Mot « Aide »veut dire à la fois la personne dont on reçoit du secours et le soutien que l'on en tire.

« Semblable » est un adjectif qui signifie « Qui est Pareil, ressemblant, qui est de même nature, de même qualité, qui a des caractères communs, similaires.

« Femme veut dire : être humain de sexe féminin (par opposition à l'homme), Conjointe, épouse, partenaire.

Certaines questions trouveront leurs réponses dans la suite.

1.5. LE BUT DE LA CREATION DE LA FEMME

- Quand Dieu dit qu'il n'est pas bon que l'homme soit seul, il révèle la nature de l'être humain.
  L'être humain est un être social. C'est-à-dire qui est appelé à vivre dans la société. C'est pour cette raison qu'il va créer une aide semblable (La Femme).
- Etre la compagne (aide semblable) de l'homme pour accomplir les objectifs de Dieu que nous verrons dans la mission de l'homme et de la femme.

1.6. L'ŒUVRE DE LA CREATION DE LA FEMME (Genèse 2 : 21-24)

« Alors L'Eternel Dieu fit tomber un profond sommeil sur l'Homme, qui s'endormit ; il prit une de ses côtes, et referma la chair à sa place. L'Eternel Dieu forma une Femme de la Côte qu'il avait prise de l'homme, et il l'amena vers l'homme. Et l'Homme dit : voici cette fois celle qui est os de mes os et chair de ma chair ! On l'appellera femme, parce qu'elle a été prise de l'homme. C'est pourquoi, l'homme quittera son père et sa mère et s'attachera à sa femme, et ils deviendront une seule chair.

Initialement, ADAM (homme) contenait deux êtres humains de sexes différents. Dieu vint les séparer momentanément pour les unir officiellement dans le lien du mariage dans le but d'accomplir une mission.

Dieu les a séparés pour un temps afin de les unir pour toute leur vie.

C'est pourquoi la vie en solo (le célibat) est pour un temps. Tandis que le mariage est pour toute la vie.

Donc, ADAM = Adam (homme) + aide semblable (femme).

Le poème d'Adam (homme de sexe masculin) témoigne qu'il s'agissait de la cérémonie ou de l'institution du mariage …il (Dieu) l'amena vers l'homme. Et l'homme dit : « voici cette fois celle qui est os de mes os et chair de ma chair ! On l'appellera femme, parce qu'elle a été prise de l'homme. C'est pourquoi l'homme quittera son père et sa mère, et s'attachera à sa femme, et ils deviendront une seule chair.

Dans le cadre du mariage, cet être humain de sexe féminin sera appelé femme qui signifie « conjointe », « épouse » et « partenaire ». Tandis que l'être humain de sexe masculin sera appelé homme (en minuscule) qui veut dire : « conjoint », « époux » et « partenaire »

Du début de la création de l'homme et la femme jusqu'au mariage, il n'y avait aucune idée de supériorité ou d'infériorité, de domination, d'exploitation, d'esclavage, … de l'un par rapport à l'autre n'y ait été prononcée par Dieu. Même la différence de sexes n'a pas donné une position à l'un par rapport à l'autre. Dans le point suivant, nous verrons ce qui justifie la différence de sexes.

1.7. LA MISSION DE L'HOMME ET LA FEMME (Genèse 1 :27-31)

Genèse 1 : 27- 31 « Dieu créa l'homme à son image ; il le créa à l'image de Dieu, il créa l'homme et la femme. Dieu les bénit, et Dieu leur dit : soyez féconds, multipliez, remplissez la terre, et l'assujettissez ; et dominez sur les poissons de la mer, sur les oiseaux du ciel et sur tout animal qui se meut sur la terre… Dieu vit tout ce qu'il avait fait et voici, cela était très bon. Ainsi, il y eut un soir, et il y eut un matin : ce fut le sixième jour.

Quand il y avait un seul être humain, Dieu n'avait prononcé aucune parole de bénédiction. Ce n'est qu'après la création de la femme que l'homme et la femme vont bénéficier de la bénédiction de l'Eternel.

Ces paroles divines constituaient une bénédiction nuptiale. C'est dans le cadre du mariage (union entre l'homme et la femme) que Dieu prononça ces paroles révélatrices de la mission du couple (homme et femme)

Comme l'homme et la femme étaient issus d'ADAMA (la terre), ils ont reçu une mission terrestre qui consistait à :

1. – ***La reproduction ou la procréation*** ;

   La reproduction est l'action par laquelle les êtres vivants perpétuent leurs espèces.

   - La Procréation, c'est l'action d'engendrer un être humain.

Ceci est contenu dans ce que Dieu dit : « soyez féconds, multipliez, remplissez la terre, et l'assujettissez… »

Pour obéir à la loi de la reproduction (la procréation) ou de la multiplication en vue de remplir la Terre, il a fallu deux êtres humains de sexes opposés.

Ceci justifie aussi le fait que Dieu dit : je lui ferai une aide semblable et qu'à la fin on trouve une aide semblable ayant un sexe différent à l'homme.

2. ***La domination sur d'autres créatures***.

Quand Dieu donne l'ordre de dominer sur d'autres créatures, en se référant au dictionnaire, cela veut dire :

- Commander souverainement, avoir une puissance absolue,
- Maitriser ; exercer son autorité, son influence sur d'autres créatures ;
- Paraître de plus parmi d'autres créatures, se faire remarquer, être le plus fort ;
- Maitriser, gouverner.

Dans la pensée authentique de Dieu, la femme ne pouvait être dominée ou marginalisée. C'est pourquoi, dans le même titre que l'homme, elle était dotée de la puissance, le pouvoir et l'autorité de dominer sur d'autres créatures.

Eu égard à ce qui a été dit sur la mission de l'homme et la femme, il est important de noter que la femme est indissociable à l'homme. Car dans le mandat de remplir la terre et l'assujettir, l'un ne peut jamais l'accomplir sans l'autre.

La Femme est plus semblable que différente à l'homme.

Le repos de Dieu intervient après la bénédiction nuptiale de l'homme et la femme ou après que Dieu ait défini la mission de l'homme et la femme (genèse 1 :27-31 et genèse 2 :1-4).

La Philosophie de Dieu sur le mariage et la création de la femme est claire. Mais qu'est- ce qui a donné une mauvaise image à la femme ? Pourquoi aujourd'hui, la femme a – t-elle perdu sa valeur authentique ?

Pourquoi la femme n'est plus digne du respect et de confiance ?

Le chapitre qui suit donnera des réponses à ces questions :

CHAPITRE II : LA FEMME DE GENESE 3

Dans les deux premiers chapitres du livre de Genèse, il s'agit de la création de toute chose en général, et de celle de l'homme et la femme en particulier. Ces chapitres nous montrent une femme authentique : celle qui ne porte pas une mauvaise image ou la marque du diable.

Par contre, le chapitre 3 nous présente une femme qui a perdu son authenticité ou son originalité. C'est ici que la femme est devenue marche un pied, un être à problème dans le monde entier. Elle a perdu ses droits, sa dignité, sa fierté, son honneur, etc. Bien qu'elle soit l'un des termes de la multiplication pour produire l'humanité.

Il est à rappeler que dans cette histoire de Genèse 3, d'un côté l'être humain était placé dans le jardin pour le cultiver et le garder (Genèse 2 :15), et de l'autre côté, Satan pour qui la bible déclare : « Alors une bataille s'engagea dans le ciel : Michel et ses anges combattirent contre le dragon, et celui – ci les combattit avec ses anges ; mais le dragon ne remporta la victoire et ne put maintenir leur position au ciel. Il fut précipité, le grand dragon, le serpent ancien, qu'on appelle le diable et Satan, celui qui égare le monde entier. Il fut précipité sur la terre, et ses anges furent précipités avec Lui… Mais malheur à la terre et à la mer : le diable est descendu vers vous remplit de rage, car il sait qu'il lui reste très peu de temps. Quand le dragon se vit précipités sur la terre, il se lança à la poursuite de la femme… » APOCALYPSE 12 :7 – 9 , 12 – 13

La cible du destructeur était la Femme. Il ne faut pas ignorer que la première femme était EVE et la deuxième est L'Eglise, corps du Christ. Citons quelques raisons pour lesquelles Satan (Lucifer) pouvait combattre la femme ou l'être humain. :

- Le diable a perdu une place d'honneur auprès de Dieu ;
- Il a été déchu et précipité sur la Terre ;
- Il sait qu'il a peu de temps (il est conscient du sort qui l'attend : L'enfer) ;
- L'être humain a été créé à l'image et à la ressemblance de Dieu pour dominer sur toute la Création ;
- La place qu'occupe l'être humain en général, la femme en particulier, dans le cœur de Dieu excite la jalousie et la haine du diable.la Bible le montre clairement :… Qu'est- ce que l'homme, pour que tu en prennes

soin, et qu'est – ce qu'un être humain pour qu'à Lui tu t'intéresses … ? (Psaumes 8 :4 – 9)

2.1.LA RUSE OU LA STRATEGIE DU DIABLE

Le diable a présenté une mauvaise image de Dieu à la Femme. Il laisse croire à la femme que Dieu est Menteur ; ce qu'il dit ne se réalise jamais ; que Dieu n'aime pas ses enfants, c'est pourquoi il leur cache les secrets et leur donne des interdictions. Satan voulait montrer à la femme que Dieu ne laisse pas la liberté et l'épanouissement à l'homme.

Le diable a utilisé la parole pour séduire la femme parce qu'il sait que l'évolution de l'homme dépend de sa croyance (la foi) ; or la croyance ou la foi de tout homme vient de la parole qu'il entend.(Romain 10 : 17)

Ces paroles pleines de ruse ont rendu la femme de plus en plus faible à tel enseigne qu'elle s'est retrouvée dans le filet du Malin.

2.2. LES FACETTES DE LA FEMME DE GENESE 3

Toutes les mauvaises images que porte la femme dans le monde entier tirent leur origine de Genèse 3.

En faisant une étude approfondie, voici quelques qualificatifs liés à l'œuvre de Satan à la femme.

1. ***Femme Sorcière***

Pourquoi dit – on que la femme de Genèse 3 est une femme sorcière ?

Il suffit de connaître ce qu'est la sorcellerie, sa mode de transmission et sa finalité, on sera d'avis que cette femme séduite par le diable était devenue sorcière.

Nul n'ignore que le moyen le plus répandu de la transmission de la sorcellerie demeure le manger et le boire (la chair et le sang).

Lorsque ce pouvoir entre dans l'homme, il ouvre les yeux (l'intelligence) dans le but d'opérer dans le monde des esprits (monde invisible)

Alors qu'Elohim, créateur de l'homme, lui a donné le règne sur le monde visible ou sur la Terre. (Psaumes 115 :16)

Seuls les esprits avaient l'accès au monde invisible ou monde des esprits (Dieu et les anges, Satan et ses serviteurs) dans le monde invisible, il y a deux grands royaumes : le royaume des ténèbres et le royaume de la lumière.

Le diable qui s'est rebellé contre Dieu, cherchant à régner comme Dieu, va pousser aussi la femme à la rébellion contre Dieu.

Pour y parvenir, il va exciter la femme ou l'homme à devenir comme Dieu. C'est à dire, se suffire en soi – même (l'indépendance de l'homme), opérer dans le monde invisible ou le monde des esprits, ou devenir dieu pour recevoir l'honneur et la gloire, au lieu de ne donner gloire qu'à Dieu seul.

Alors qu'un être humain ne peut jamais voyager dans le monde invisible sans avoir un guide ou un esprit de ce monde.

C'est pourquoi le diable va utiliser la sorcellerie par le manger pour permettre à la femme de communier avec le monde des esprits plus précisément avec le royaume des ténèbres ou Lucifer.

Lorsque nous lisons le troisième chapitre du livre de Genèse, nous verrons la démarche d'ensorcellement de la femme par Satan :

« Le serpent (Satan) était le plus rusé de tous les animaux des champs, que l'Eternel Dieu avait faits. Il dit à la femme : Dieu a – t- il réellement dit : vous ne mangerez pas de tous les arbres du jardin ? La femme répondit au serpent : nous mangeons du fruit des arbres du jardin. Mais quant au fruit de l'arbre qui est au milieu du jardin, Dieu a dit : vous n'en mangerez point et vous n'y toucherez point, de peur que vous ne mouriez. Alors le serpent dit à la femme : vous ne mourrez point ; mais Dieu sait que, le jour où vous en mangerez, vos yeux s'ouvriront et que vous serez comme Dieu, connaissant le bien et le mal. La femme vit que l'arbre était bon à manger et agréable à la vue, et qu'il était précieux pour ouvrir l'intelligence ; elle prit de son fruit, et en mangea ; elle en donna aussi à son mari qui était auprès d'elle, et il mangea. Les yeux de l'un et de l'autre s'ouvrirent, ils connurent qu'ils étaient nus, et ayant cousu des feuilles de figuier, ils s'en firent des ceintures…v. v 22 – 24 « L'Eternel Dieu dit : voici, l'homme est devenu comme l'un de nous, pour la connaissance du bien et du mal. Empêchons – le maintenant d'avancer sa main, de prendre de l'arbre de vie, d'en manger, et de vivre éternellement. Et l'Eternel Dieu le chassa du jardin d'Eden, pour qu'il cultive la terre, d'où il avait été pris. C'est ainsi qu'il chassa Adam ; et il mit à l'orient du jardin d'Eden les chérubins qui agitent une épée flamboyante, pour garder le chemin de l'arbre de vie. »

Le diable sait que le moyen le plus efficace pour initier quelqu'un à la sorcellerie est dans le manger et le boire.

C'est pourquoi quand la femme a mangé le fruit, les yeux s'étaient ouverts. Il a fait la même tentative à JESUS dans le désert, ne sachant pas qu'il était en face du créateur de la femme.

Matthieu 4 : 3 – 4 «Le tentateur (Satan), s'étant approché, lui dit : si tu es Fils de Dieu, ordonne que ces pierres deviennent des pains. Jésus répondit : il est écrit : l'homme ne vivra pas du pain seulement, mais de toute parole qui sort de la bouche de Dieu ».

Jésus ne pouvait jamais tomber dans le piège du diable comme la femme, parce qu'il était venu pour relever le défi de la femme. Le diable ignorait beaucoup de choses.

Ouvrons une parenthèse que nous allons fermer :

Le diable va tenter Jésus en disant : « …ordonne que ces pierres deviennent des pains ».

Alors qu'une seule pierre était destinée à devenir un pain. Le salut du monde nécessitait un seul pain pour toute l'humanité ou une seule chair.

La pierre = Jésus = Pain (Romains 9 : 33, 1 Pierre 2 : 4 – 7 ; Jean 6 : 32 – 35 ,48 -66)

Les pierres vivantes = les croyants (1 Pierre 2 : 5)

Si Jésus avait cédé à la tentation, il serait ensorcelé et la chair humaine serait officiellement une nourriture.

Quand le diable dit : ordonne, cela signifie qu'il voulait que JESUS signe une ordonnance selon laquelle la sorcellerie serait officialisée et autorisée. Alors que dans le royaume de Dieu, aucun sorcier n'y entrera.

La femme de Genèse 3 n'héritera jamais le royaume de Dieu.

Chers lecteurs, il est important de savoir qu'un sorcier a pour mission de perpétuer le mal.

C'est-à-dire, travailler pour faire réussir les chantiers du diable qui consiste à dérober, détruire et égorger, selon Jean 10 :10.

Une femme de Genèse 3 est une destructrice, contrairement à la femme sage de proverbes 14 : 1

Le sorcier utilise la psychologie du pécheur, càd la solidarité dans le mal. Quand cette femme a mangé le fruit défendu, elle l'a donné aussi à son mari dans le but de ne pas mourir seule.

C'est de cette façon que la racine du mal est entrée et s'est répandue dans le monde. Tout ceci sous le coaching de Lucifer, Satan.

Lorsque la sorcellerie est entrée dans la femme, elle a engendré la désobéissance (le péché et la mort Romains 3 :23, Romains 6 : 23), l'impureté, l'hypocrisie, l'orgueil, la division, l'ingratitude, la malédiction, la souffrance, etc.

Par exemple, le caïnisme (l'esprit de caïen) et le balaamisme (esprit de balaam, judes 11) sont la conséquence de l'ensorcellement de la femme de Genèse 3.

Si aujourd'hui le monde peut être plongé dans la souffrance et dans les ténèbres à cause de la femme, cela prouve combien dans le plan de Dieu, cet être humain avait aussi un rôle important à jouer dans l'histoire de l'humanité.

Les sages du monde n'ont pas aussi tort de dire qu'éduquer une femme, c'est éduquer toute une nation. Car celle – ci a un impact parfois ignoré dans la société.

La sorcellerie se manifeste de plusieurs manières. Toute tentative à faire du mal à son prochain relève du comportement sorcellerie. La recommandation du créateur à l'homme ou à la femme est d'aimer son prochain comme soi – même.

Toute femme qui a tendance à faire du mal ou à nuire est une femme de Genèse 3. Elle est à éviter ou à se méfier. Lorsqu'on regarde cette femme sous différentes lunettes, elle prend toujours la forme et l'image d'une mauvaise femme.

2. *Femme Pécheresse*

A cause de Satan, la femme créée à l'image de Dieu est tombée dans le Péché. 1 Jean 3 : 4 – 10, dit en substance que le péché est la transgression de la loi ; celui qui pratique le péché est du diable, car le diable pèche dès le commencement ; et c'est par là que se font reconnaître les enfants de Dieu et les enfants du diable.

En désobéissant à la parole de Dieu pour obéir à Satan, elle a transgressé la loi de Dieu. C'est ainsi qu'elle a commis le péché. Et le péché est entré dans le monde.

« David avait compris ces choses, c'est pourquoi dans sa confession des péchés, il dit à Dieu :…voici, je suis né dans l'iniquité, et ma mère m'a conçu dans le péché ». Psaumes 51 :7.

Comme c'était un principe divin et un passage obligé que pour avoir accès dans l'humanité (monde physique), il faudrait passer par le ventre d'une femme pour revêtir un corps physique, toute personne qui nait de la femme pécheresse vient au monde avec une marque ou une semence du péché.

La femme de Genèse 3 est sous l'influence ou l'emprise de la loi du péché et de la mort.

Le mal est attaché à sa vie. Elle est incapable de faire le bien, car cette loi la rend esclave et la laisse avec le vouloir, mais sans le pouvoir. Romains 7 :14 – 24. La loi du péché et de la mort rend la femme de plus en plus faible devant la tentation ou l'épreuve.

Toute femme qui vit dans le péché est une femme de Genèse 3. Par conséquent, on ne peut jamais lui faire confiance, ni l'écouter ou la laisser une portion de l'autorité ou de la parole dans l'assemblée des saints.

La vie du péché déforme le caractère de la femme pour lui donner un caractère insupportable.

La Bible a raison de dire par exemple : « Mieux vaut habiter à l'angle d'un toit, que de partager la demeure d'une femme querelleuse ». Proverbes 21 : 19, elle ajoute encore : « Mieux vaut habiter dans une terre déserte, qu'avec une femme querelleuse et irritable ». Proverbes 21 :19

Etant pécheresse, selon qu'il est écrit dans Romains 6 :23

« Car le salaire du Péché, c'est la mort,... », La femme de Genèse 3 est une femme morte. Peut – on compter sur un cadavre ? Peut – il sortir d'un cadavre quelque chose de bon ? A moins que cela soit le cadavre du lion tué par SAMSON pour sortir du miel !

Ici, il ne s'agit pas seulement de la mort physique, mais de la mort spirituelle (la séparation de la femme avec Dieu). Apparemment, ils n'étaient pas morts après avoir mangé le fruit défendu, mais en réalité, le fait de perdre la communion avec Dieu, ils étaient séparés de Dieu. C'était la première mort de l'être humain (mort spirituelle) et finalement, ils ont fini par retourner dans la terre, d'où ils étaient pris (mort physique).

3. Femme Porteuse de la Malédiction

Dieu dit à la femme : « j'augmenterai la souffrance de tes grossesses, tu enfanteras avec douleur, et tes désirs se porteront vers ton mari, mais il dominera sur toi ». Genèse 3 :16

La désobéissance entraine la malédiction, selon qu'il est écrit dans deutéronome 28 :15 : « Mais si tu n'obéis point à la voix de l'Eternel, ton Dieu, si tu n'observes pas et ne mets pas en pratique tous ses commandements et toutes ses lois que je te prescris aujourd'hui, voici toutes les malédictions qui viendront sur toi et qui seront ton partage… ».

Chez Dieu, la désobéissance est aussi coupable que la divination (1 Samuel 15 :23). La femme de genèse 3 a été exposée à la malédiction.

L'augmentation de la souffrance de la grossesse, les désirs portés vers le mari, et la domination du mari sur la femme sont des effets de la malédiction. Disons en passant que toute femme dominée par son mari est sous la malédiction.

La malédiction est comme un masque affreux qui couvre le visage ou la vie de l'être humain pour l'isoler ou le mettre en quarantaine. C'est comme un virus qui a pour mission de tout ruiner dans l'homme. C'est pourquoi rien ne marche dans la vie de celui qui est maudit.

Tous les efforts fournis par une femme de Genèse 3 n'aboutissent à rien. A cause de la malédiction, la femme est traitée de tous les mots possibles.

La malédiction influence négativement même l'environnement de la femme. C'est pourquoi partout où elle passe, quel que soit son attitude, elle est regardée d'un mauvais œil, elle n'inspire pas confiance, et elle a du mal à vivre aisément dans la société.

Lorsqu'un homme s'unit à une femme maudite (femme de Genèse 3) il doit s'attendre à tout. La Bible dit : « Celui qui trouve une femme trouve le bonheur ; C'est une grâce qu'il obtient de l'Eternel. » Proverbes 18 :24

Bien qu'explicitement la Bible n'ait pas déterminé la catégorie de la femme qui peut être une porte bonheur, n'attribuons pas cette valeur à la femme de Genèse 3.

Un sage du monde a dit : « si tu tombes sur une bonne femme tu seras heureux, mais si tu tombes sur une mauvaise, tu deviendras philosophe (penseur) ».

S'il faut retourner à la pensée de Dieu de trouver une femme porte – bonheur ou porteuse de la bénédiction, alors qu'on ne peut trouver que quelque chose qui existe, mais qui ne se voit pas encore. Ceci prouve que la bible et les sages du monde reconnaissent que nous sommes dans un monde où vivent ensemble la femme porte – malheur et la femme porte – bonheur.

Lorsqu'on se fie aux apparences sans porter les lunettes de Dieu, il est difficile de distinguer la femme porteuse de la malédiction et celle qui est porteuse de la bénédiction.

Comme Dieu fait lever le soleil et donne la pluie pour les justes et les méchants, il a doté toute femme (porte – bonheur comme porte – malheur) d'une beauté extraordinaire. Mais la bonté est cachée dans le cœur.

C'est aussi pour cette raison que la Bible nous met en garde en disant : « la grâce est trompeuse, et la beauté est vaine ; la femme qui craint l'Eternel est celle qui sera louée ». Proverbes 31 :30

C'est de cette femme craignant Dieu que la Bible dit que celui qui trouve une femme trouve le bonheur.

Dans la vie d'une femme, si c'est Dieu qui est le metteur en scène, elle est sous la bénédiction. Tandis que si c'est le diable qui en est le coach, la femme porte une lourde charge de la malédiction. Dans ce cas, il n'est pas méchant de traiter la femme du bouc émissaire ou la racine de tous les maux.

A cause de l'aspect donné par la malédiction à la femme, il y a de ces hommes qui continuent à accuser le Dieu créateur en disant : Pourquoi Dieu ne pouvait – il pas laisser l'homme seul au jardin ? Car, selon eux, la femme est à la base de la souffrance et la mort dans le monde.

Humainement parlant, ils n'ont pas du tout tort, toutefois, dans la pensée authentique de Dieu, en créant la femme, c'était une créature merveilleusement bénie et ayant un bon mandat.

Comme nous avons dit ci – haut, Dieu créa la femme bénie et pour un but. Voilà pourquoi, malgré la présence de la femme porteuse de la malédiction dans le monde, le port des lunettes de Dieu est indispensable pour voir d'une façon claire que le monde n'est pas seulement peuplé des femmes porteuses de la malédiction.

Une femme sous le joug de la malédiction restera toujours marginalisée, méprisée, humiliée et demeurera dans l'anonymat. La femme de Genèse 3 subit toujours le sort de la malédiction qui pèse sur elle.

Les lunettes de Dieu ne voient pas seulement l'image de la malédiction, mais aussi une voie de sortie pour aider la porteuse de la malédiction à rejoindre son authenticité ou sa vraie identité.

N.B : La voie de sortie sera présentée dans le chapitre suivant.

4. La Femme sans Dignité

L'originalité de la femme lui donnait une dignité incontestable, un respect exceptionnel, une considération et des égards.

C'est ce qui faisait que la femme soit digne d'honneur, qu'elle soit acceptée, aimée inconditionnellement, protégée jalousement, soignée respectueusement, etc.

Cette dignité faisait qu'elle soit considérée plus semblable que différente à l'homme. Et grâce à elle, la femme avait le même mandat que l'homme : dominer sur d'autres créatures , se multiplier et remplir la terre.

Après avoir cédé à la tentation, la femme est tombée bas. Elle ne dépendait pas des efforts de la femme. Ce n'était pas le résultat de l'émancipation de la femme ou du cri de la parité.

Cet imposteur, le diable, jaloux de la position de la femme, est passé pour celui qui détenait le secret de la vie, et qui pouvait aider l'être humain à devenir ce que Dieu ne voulait jamais qu'il soit.

Il est venu faire vivre la femme le monde à l'envers.

Satan à ruiner l'image de la femme en sorte qu'elle ne soit pas respectée dans sa juste valeur.

Cet être humain qui, autrefois, était sujet de poème chez l'homme a perdu sa crédibilité. L'image que le diable a fait porter à la femme était tellement affreuse qu'aucun homme sur la terre ne pouvait lui faire confiance.

Ceci a donné naissance à plusieurs conceptions sur la femme selon la philosophie des hommes, des communautés, des races, des tribus, des coutumes, des religions, etc.

Il suffit de voir comment la femme est traitée dans nos sociétés aujourd'hui, comment elle est utilisée et manipulée, vous vous rendrez compte de ce qu'elle a perdu comme dignité ou valeur authentique.

En accomplissant la volonté de son nouveau maitre, le diable, la femme va perdre de plus en plus sa dignité.

La mission que celle – ci a reçue consiste à accomplir les 3 spécialités de Satan qui sont : Détruire (ruiner), dérober (voler) et égorger (tuer).

Toute femme qui porte encore la marque de Genèse 3, c'est-à-dire : un caractère diabolique ou rebel à la parole de Dieu, sera toujours regardée d'un mauvais œil. Par conséquent elle perdra toujours sa dignité et sa place dans la société.

Aussi longtemps que cette femme ne naitra pas de nouveau, elle demeurera femme de Génèse 3, et elle restera toujours au service du diable. Elle restera toujours soumise à la loi du péché et de la mort qui est comme la loi de la pesanteur, et qui a tendance à ramener les êtres humains vers le mal ou le péché. Rom 7 :14-24

Rechercher à rétablir les droits de la femme de Genese 3, c'est déclencher une guerre contre Dieu et contre le diable. C'est pourquoi femme, si tu as un caractère de Genese 3, malgré le cri de la parité, de l'émancipation de la femme, de l'évolution de la science ou de la modernité, tu ne jouiras jamais de tes droits.

Le sort de la femme de Genèse 3 a été décidé par Dieu lui-même. Alors, qu'il est écrit dans Apocalypse 3 :7 « … voici ce que dit le Saint, le véritable, celui qui a la clé de David, celui qui ouvre, et personne ne fermera, celui qui ferme, et personne n'ouvrira.»

Qui a le pouvoir de bénir celui que l'Eternel a maudit ?

Quel est ce parlement terrestre qui peut voter des lois pour immuniser la femme contre l'influence nocive du diable ? Quel est cet organisme national ou international qui peut délivrer la femme de l'emprise du diable pour qu'elle jouisse pleinement de ses droits ?

Il y a beaucoup à dire sur la femme de Genèse 3 dans toutes ses facettes. Néanmoins, il est important de retenir que la femme de Genèse 3 est une mauvaise femme, ayant un caractère diabolique et bizarre. Elle est toute femme païenne : celle pour qui la mort et la résurrection de Jésus ne signifie rien. C'est toute femme qui se conduit selon la chair, le monde et Satan. Et qui n'a pas encore donné sa vie à Jésus-Christ. C'est une Femme sans JESUS.

Elle est une femme destructrice et candidate à l'enfer. Elle n'a aucun apport dans la société ou dans le Royaume de Dieu.

Mais comment une femme de Genèse 3 peut-elle retrouver son vrai statut ou sa valeur authentique ? Le chapitre suivant nous donnera la voie de sortie de cet état de Genèse 3.

CHAP III : FEMME DANS LE SEIGNEUR

La Femme dans le seigneur est toute femme qui a cru au seigneur Jésus-Christ comme son seigneur et sauveur personnel.

3.1. LE PLAN DE LA REDEMPTION DE LA FEMME

La rédemption est le rachat au prix d'une rançon, suivi d'une délivrance. Dans son grand amour, Dieu fit une promesse de la rédemption et posa le fondement prophétique de cette rédemption.

Quand Dieu dit au serpent : « **Je mettrai inimitié entre toi et la femme, entre ta postérité et sa postérité : celle-ci t'écrasera la tête, et tu lui blesseras le talon.** » Genese 3 : 15. C'est déjà une promesse de la rédemption ; Tandis que quand Dieu tue un animal pour les revêtir des habits de peau de l'animal (Gen 3 : 21) c'est déjà le fondement prophétique de cette rédemption.

Dieu n'a pas voulu que la femme demeure sous la condamnation. L'envoie de Moise avec la loi et des prophètes constitue la démarche de la rédemption. Bien que la loi et les prophètes n'ayant pas pu amener l'être humain à la perfection ou au salut.

Voici ce que l'Apôtre Paul écrit au sujet de la rédemption de la femme : « Adam n'a pas été séduit mais la femme, séduite s'est rendue coupable de transgression. Elle sera néanmoins sauvée en devenant mère, si elle persévère avec modestie dans la Foi. Dans l'amour, et dans la Sainteté ». 1 Tim 2 :14-15.

Ici l'Apôtre s'est inspiré de Genese 3 :15. La présence de « néanmoins » dans son discours prouve qu'il reconnait que malgré ce que la femme de Genese 3 pourrait être, il y a une possibilité du salut pour la femme. Et cela n'est possible que lors que la femme :

- DEVINT MERE

Il est à noter que toute femme est la porte de l'humanité. A part Adam et EVE, aucun être humain ne vient au monde sans passer par le ventre d'une femme. Car c'est dans la femme qu'on reçoit le corps qui permet de vivre dans ce monde physique ou visible (sur la terre).

Comme la loi et les prophètes n'ont pas pu amener des hommes à la perfection ou au salut, il était question que le rédempteur vienne habiter parmi les hommes pour les sauver. C'est ainsi qu'il devrait passer par la femme pour prendre le corps qui lui permettra de venir dans le monde pour la Sauver. (Voir l'humanité de Jésus-Christ).

Il est à noter que la naissance nous permet de revêtir un corps qui permet de vivre dans un monde. Par exemple, la naissance physique permet de vivre dans un monde physique ou visible. Tandis que la naissance spirituelle donne accès dans un monde spirituel ou invisible.

Voici ce qui a été dit du rédempteur : « ...Voici, la vierge deviendra enceinte, elle enfantera un fils, et elle lui donnera le nom d'Emmanuel ». Ésaïe 7 : 14.

3.2. QUI EST CE REDEMPTEUR ?

Dans Matthieu 1 : 18-23, nous voyons l'accomplissement de la prophétie d'Esaïe, sur la vierge. C'est le fils de la vierge qui était le rédempteur. Or la vierge Marie est devenue la mère de Jésus-Christ, le rédempteur. C'est grâce à la naissance de Jésus que la femme à la probalité d'être libérée de l'empire de Satan.

Paul, l'Apôtre de Jésus-Christ, le confirme en disant :

Rom 6 : 22 « Mais, lorsque les temps ont été accomplis, Dieu a envoyé son Fils, né d'une femme, né sous la loi, afin qu'il rachetât ceux qui étaient sous la loi, afin que nous reçussions l'adoption » Gal 4 : 4-5

Jean Baptiste va le présenter en disant : « ...voici l'Agneau de Dieu, qui ôte le péché du monde. » Jean 1 : 29 Donc seul Jésus est le rédempteur (de la femme).

3.3. LA NOUVELLE ALLIANCE

La femme dans le Seigneur est une femme de la nouvelle alliance. La nouvelle alliance a rendu possible la rédemption de la femme.

Dans ce contexte, l'alliance est un accord ou pacte d'engagement de Dieu avec les hommes. S'il y a la nouvelle Alliance, cela signifie qu'il existait aussi une ancienne.

L'Ancienne Alliance est l'alliance conclue par Dieu, le Suzerain avec le peuple d'Israël, son vasal (EXODE 19 : 3-6). Cette alliance ne concernait qu'Israël et c'est Moise qui était le libérateur. Hébreux 8 : 13 qualifie cette alliance d'ancienne. A ce temps-là, Dieu était le Dieu d'Israël.

Par contre, La Nouvelle Alliance est faite par Jésus christ (Hébreux 8 :6-13 ; 9 :1 ; 10 :15-17 ; 12 :24), destinée à toutes les nations (Matthieu 28 :19-20 ; Actes 10 :44-47) et fondé sur la foi (Luc 22 :10 ; 1Cor 11 :25.

3.4. LE PARALLELISME ENTRE L'ANCIENNE ALLIANCE ET LA NOUVELLE ALLIANCE

L'ANCIENNE ALLIANCE	LA NOUVELLE ALLIANCE
Dieu avec le Peuple d'Israël	Dieu avec toute l'humanité (monde entier)
Moise le libérateur (médiateur)	Jésus-Christ le médiateur (libérateur, sauveur)
Temps de la Loi	Temps de la Grace
Le sang des veaux et des boucs (animaux) Héb 9 :11-28	Le sang de Jésus-Christ(Homme)
Couvrir le péché	Oter les péché (Jean 1 :29)
Salut par l'obéissance à la Loi	Salut par la Foi en Jésus-Christ
Sacerdoce selon l'ordre Aaronique	Sacerdoce selon l'ordre de Melchisédech
Seulement les Fils d'Aaron comme sacrificateur (sacrificature d'homme)	Royaume des sacrificateurs (Tout croyant Apoc 1 : 6, Apoc 5 :9-10 y compris la femme)
Les ordonnances relatives au culte et un sanctuaire terrestre (Héb 9 : 1-10)	Le culte spirituel et un sanctuaire céleste héb 9 : 23-25

3.5. LES RESPONSABILITES DE LA NOUVELLE ALLIANCE

1°. LA PART DE DIEU

Il est à rappeler que l'alliance est un pacte d'engagement entre Dieu et l'être humain. Dans cet engagement, la part de Dieu consiste à donner son Fils unique, Jésus-Christ pour le salut de l'humanité ou la vie éternelle. C'est pourquoi la Bible dit : « car Dieu a tant aimé le monde qu'il a donné son fils unique, afin que quiconque croit en lui ne périsse point, mais qu'il ait la vie éternelle. » Jean 3 :16

La Bible ajoute encore ; « car le salaire du péché, c'est la mort ; mais le don gratuit de Dieu, c'est la vie éternelle en Jésus-Christ notre seigneur » Rom 6 :23 Dieu a déjà fait sa part.

2°. LA PART DU MEDIATEUR

Le médiateur devait naitre d'une femme pour devenir la postérité de la femme ; il devait naitre sous la loi et être crucifié pour accomplir la promesse de la rédemption faite dans Genèse 3 : 15.

Ce n'était pas un hasard pour Jésus de passer par la Croix. C'est là que devait terminer l'aventure de Satan sur la femme. La Bible dit : « Jésus, portant sa croix, arriva au lieu du crâne, qui se nomme en hébreu Golgotha. C'est là qu'il fut crucifié, et …Jean 19 : 17-18.

La croix de Jésus était posée au lieu du crane (le crane est la partie de la tête). Parce que cela représentait la tête du serpent, selon Genèse 3 : 15

En Égypte, Moise ne devait pas toucher le serpent pas la tête (Exode 4 : 1-4) c'est n'était pas à lui d'accomplir la promesse de la rédemption de Genèse 3 : 15.

C'est la croix de Jésus qui a mis fin au règne de Satan sur la femme. C'est là que la femme a été libérée de l'emprise de Satan. C'est pourquoi, une femme consciente refusera toute tentative d'esclavagisme dans sa vie. La Bible nous dit que le sauveur de l'humanité, après avoir joué pleinement son rôle, il dit : « …Tout est accompli. Jean 19 : 28-30 ».

La Bible confirme l'œuvre accomplie par le médiateur de la Nouvelle Alliance : « Il a effacé l'acte dont les ordonnances nous condamnaient et qui subsistait contre nous, et il a détruit en le clouant à la croix ; il a dépouillé les dominations et les autorités, et les a livrées publiquement en spectacle, en triomphant d'elles par la croix. Colossiens 2 : 14-15.

Pour l'alliance, Jésus-Christ, l'unique et dernier rédempteur a déjà fait sa part. Et voilà ce qu'il dit : « voici, je me tiens à la porte, je frappe, si quelqu'un entend ma voix et ouvre la porte, j'entrerai chez lui, je souperai avec lui, et lui avec moi » Apoc 3 :20.

3°. LA PART DE L'ETRE HUMAIN (LA FEMME)

Dans cette alliance, la responsabilité de la femme en particulier et d'être humain, en général, est d'accepter simplement la main que Dieu lui tend par Jésus-Christ

Le don gratuit de Dieu, la vie éternelle en Jésus-Christ ne s'obtient qu'au moyen de la Foi

Comme Dieu a donné Jésus-Christ, et que jésus s'est lui-même livré pour racheter l'humanité, peu importe ton état pécheur, accepte seulement Jésus-Christ comme Seigneur et Sauveur. Car Dieu est déjà prêt à t'accueillir dans son alliance éternelle.

Femme, cesse de te culpabiliser. Car il y a déjà un rédempteur puissant pour toi.

La Bible déclare : « car quiconque invoquera le nom du Seigneur sera sauvé. Comment donc invoqueront – ils celui en qui ils n'ont pas cru ? Et comment croiront – ils en celui dont ils n'ont pas entendu parler ?... » Romains 10 :13 – 14

As – tu déjà conclu une alliance avec Dieu ? si pas encore, la Bible présente une voie par excellence : « si tu confesses de ta bouche le Seigneur Jésus, et si tu crois dans ton cœur que Dieu l'a ressuscité des morts, tu seras sauvé. Car c'est en croyant du cœur qu'on parvient à la justice, et c'est en confessant de la bouche qu'on parvient au salut, selon ce que dit l'Ecriture : quiconque croit en lui ne sera point confus ». Romains 10 :9 – 11

Il est vrai que tout le monde peut adresser une prière à Dieu comme tu le fais.

Mais le pire est de ne pas faire partie de son alliance éternelle, car tu demeures toujours femme de Genèse 3 peu importe ce que tu peux paraître devant les hommes. Et n'oublie pas que nous ne sommes pas sauvés à cause de bonnes œuvres, mais par la Foi en Jésus – christ. Qui est l'unique chemin pour arriver au Père. Selon jean 14 :6

Si tu n'as personne pour t'aider à recevoir Jésus Christ dans ta vie pour entrer dans la nouvelle alliance, voici une petite prière faite avec foi qui conduira ta vie à Jésus – Christ :

Prière d'acceptation de Christ :

- Seigneur Jésus,
- Je reconnais que je suis pécheur (esse) et perdu (e)
- J'ouvre mon cœur, aujourd'hui pour t'accepter comme mon seigneur et mon sauveur personnel,
- Je crois dans mon cœur et je confesse de ma bouche :
- Tu es mort à la croix à cause de mes péchés,
- Tu es ressuscité pour me justifier,
- Pardonne mes péchés / purifie moi par ton sang /
- Que ton Saint Esprit habite en moi et dirige ma vie,
- Je refuse Satan et toutes ses œuvres,
- Sois le maître de toute ma vie.
- Au nom de Jésus - Christ

AMEN !

3.6. LE DESTINATAIRE DE LA NOUVELLE ALLIANCE

Dans la nouvelle alliance, nous voyons un Dieu qui ne fait acception de personne. Il n'est pas un Dieu de favoritisme. Jacques 2 :1,9 ; romains 2 : 11, actes 10 : 34 – 43.

Comme c'est une alliance qui a été faite à cause de et pour la femme, Jésus s'est disposé pour racheter tout celui qui est né de la femme.

C'est par amour à l'humanité (les hommes et les femmes) que Jésus a été donné comme victime expiatoire. C'est pourquoi, la nouvelle alliance a été destinée à toute l'humanité, toutes les nations, les tribus, les langues, les races, les catégories, les peuples, les sexes, etc.

Elle n'exclut personne. La Bible est claire là – dessus, lorsqu'elle dit en substance que Dieu a tant aimé le monde (l'humanité) … afin que quiconque croit …

Dans Romains 10 :13, elle utilise toujours le terme « Quiconque ».

Jean 1 :12 -13 déclare : « Mais à tous ceux qui l'ont reçue, à ceux qui croient en son nom elle a donné le pourvoir de devenir enfants de Dieu, les quels sont nés, non du sang, ni de la volonté de la chair, ni de la volonté de l'homme, mais de Dieu. »

La parole de Dieu utilise les termes « Quiconque », « Tout »,…

Quiconque signifie : n'importe qui, qui que ce soit. Femme ne t'exclue plus du plan de la rédemption. Car la Nouvelle Alliance est venue pour tout être humain en général, et pour toi en particulier.

Ne te considère plus comme un être créé par Satan. L'Apôtre Paul dit : **« vous avez été rachetés à un grand prix ; ne devenez pas esclaves des hommes. » 1Corinthiens 7 : 23**

Ta rédemption est éternelle. Hébreux 9 :12. Malgré certaines équivoques présentées par les écrits de Paul à cause de son intellectualisme, celui – ci affirme que dans le Seigneur il n'y a plus de discrimination : « car vous êtes tous fils de Dieu par la foi en Jésus Christ ; vous tous, qui avez été baptisés en Christ, vous avez revêtu Christ. Il n'y a plus ni Juif, ni Grec, il n'y a plus ni esclave ni libre, <u>il n'y a plus ni homme, ni femme</u> ; car tous vous êtes un en Jésus – Christ. »Galates 3 :26 – 28 ; Ephésiens 2 :15.

Il est important de signaler que c'est ici que la domination de l'homme sur la femme tombe ; le sexe perd sa valeur ;la discrimination cesse , etc. Car c'est l'unité ou l'amour qui règne.

Ici la parité et l'émancipation de la femme n'ont pas un rôle à jouer. Car en Jésus – Christ, l'homme et la femme retrouvent leur vraie identité ou authenticité.

3.7. L'HERITAGE (LES AVANTAGES) DE LA FEMME DANS LE SEIGNEUR

Dans la Nouvelle Alliance ou dans le Seigneur, la femme bénéficie de la richesse de l'amour de son Créateur :

1. LE RACHAT

La femme, qui autre fois était sous l'emprise ou l'esclavage de Satan, est rachetée par le sang de Jésus Christ. Dans Galates 4 : 4 – 5, il est écrit :

« Mais lorsque les temps ont été accomplis, Dieu a envoyé son Fils , né d'une femme , né sous la loi , afin qu'il rachetât ceux qui étaient sous la loi , afin que nous recevions l'adoption ».

Dans Ephésiens 1 : 7, la Bible dit : « En Lui nous avons la rédemption par son sang, le pardon des péchés, selon la richesse de sa grâce.

L'Apôtre Paul nous met en garde en disant : Vous avez été rachetés à un grand prix ; ne devenez pas esclaves des hommes. » 1Corinthiens 7 : 23

Dans le Seigneur, la femme n'est plus à regarder comme agent du diable. Il ne faut pas confondre la femme en général avec la femme de la Nouvelle Alliance ou dans le Seigneur.

2. LE PARDON DU PECHE

En Jésus Christ, la femme est pardonnée de tous ses péchés. Actes 10 :43 dit : Tous les prophètes rendent de lui le témoignage quiconque croit que lui en reçoit par son nom le pardon des péchés.

Christ a pardonné toutes les offenses (tous les péchés) de la femme. Colossiens 2 :13 ; Hébreux 9 :22 ; 1Pierre 1 : 18 – 20.

Selon Hébreux 10 :17, Dieu ne se souvient plus des péchés de la femme.

Femme, retrouve ta joie car la parole de Dieu te dit : Heureux celui à qui la transgression est remise, à qui le péché est pardonné ! Psaumes 32 : 1 – 2.

3. LA NOUVELLE NAISSANCE (jean 3 :6)

La Nouvelle Naissance est l'œuvre de la Parole de Dieu et du Saint – Esprit dans une personne.

C'est une naissance d'en haut (spirituelle).

La première naissance est le fait de passer par le ventre d'une femme (mère) pour venir au monde. Cette naissance donne un corps physique ou visible. Tandis que la Nouvelle Naissance est le fait de passer par (le ventre de) Jésus Christ pour vivre dans le Royaume de Dieu ou monde invisible ou spirituel. Elle donne un corps spirituel. La maternité de la Nouvelle Naissance, c'est ***LA CROIX***.

La mort et la résurrection de Jésus donne à la femme un corps incorruptible. 1 Corinthiens 15 :35-44.

La Nouvelle Naissance a fait de la femme une Nouvelle créature. Car la Bible dit : « si quelqu'un est en Christ, il est une nouvelle créature. Les choses anciennes sont passées ; voici, toutes choses sont devenues nouvelles. » 2 Corinthiens 5 : 17.

4. ELLE EST DEVENUE ENFANT DE DIEU

Dans le Seigneur, la femme est devenue enfant de Dieu, selon qu'il est écrit : « Mais à tous ceux qui l'ont reçue, à ceux qui croient en nom, elle a donné le pouvoir de devenir enfant de Dieu, lesquels sont nés, non du sang , ni de la volonté de la chair , ni de la volonté de l'homme, mais de Dieu. » Jean 1 : 12 – 13.

Jésus a détruit les œuvres du diable pour permettre à la femme de vivre pleinement sa vie d'enfant de Dieu. La loi du péché et de la mort a perdu son pouvoir sur la femme. 1 Jean 3 : 5 – 10

5. ELLE N'EST PLUS SOUS LA CONDAMNATION

Le fait de se retrouver dans le Seigneur, la femme n'est plus sous la condamnation. La Bible dit : « Il n'y a donc maintenant aucune condamnation pour ceux qui sont en Jésus Christ ». Romains 8 :1.

Dans Colossiens 2 : 14 – 15, la Bible nous montre le travail fait par Jésus Christ : « Il a effacé l'acte dont les ordonnances nous condamnaient et qui subsistait contre nous, et il l'a éliminé en le clouant à la croix ; il a dépouillé les dominations et les autorités, et les a livrés publiquement en spectacle, en triomphant d'elles par la croix.

La femme ne peut être condamnable que lorsqu'elle est de la catégorie de Genèse 3. C'est-à-dire, la femme qui n'a pas encore rencontré Jésus Christ ou celle qui n'a pas encore conclue une alliance éternelle avec Dieu.

Examinons Jean 8 : 3 – 11 : « Alors les scribes et les pharisiens amenèrent une femme surprise en adultère : Moïse, dans la loi , nous a ordonné de lapider de telles femmes : toi donc , que dis – tu ?Ils disaient cela pour l'éprouver, afin de pouvoir l'accuser. Mais Jésus, s'étant baissé, écrivait avec le doigt sur la terre. Comme ils continuaient à l'interroger, il se releva et leur dit : que celui de vous qui est sans péché jette le premier la pierre contre elle. Et s'étant de nouveau baissé, il écrivait sur la terre. Quand ils entendirent cela, accusés par leur conscience, ils se retirèrent un à un, depuis les plus âgés jusqu'aux derniers ; et Jésus resta seul avec la femme qui était là au milieu. Alors s'étant relevé, et ne voyant plus que la femme, Jésus lui dit : Femme, où sont ceux qui t'accusaient ? Personne ne t'a – t – il condamnée ? Elle répondit : « Non, Seigneur. Et Jésus Lui dit : je ne te condamne pas non plus ; va et ne pêche plus ».

Dans ce passage, le juste juge montre sa position vis – à – vis du « Légalisme » qui a toujours entravé la propagation de l'Evangile dans le monde.

Le Légalisme est l'esprit de la loi qui ne voit que les accusations, les jugements, les condamnations, les exclusions, etc.

Il est vrai qu'une femme de mauvaise vie ou mal réputée est toujours regardée d'un mauvais œil ou avec mépris. Néanmoins, il faut aussi croire que si cette femme prend la décision, d'abandonner sa mauvaise vie pour s'attacher à Jésus – christ, elle bénéficie d'une immunité totale reconnue dans le ciel et sur la terre.

Dans le Seigneur, tout celui qui rejette une femme, simplement parce qu'elle est une femme, il n'a pas encore compris pourquoi Jésus est venu, et il ne comprend aussi rien sur son propre salut.

6. LIBEREE DE LA MALEDICTION

La femme de Genèse 3 était porteuse de la malédiction.

Mais Dieu dans son amour a envoyé Jésus Christ mourir à la croix pour libérer la femme de la malédiction.

C'est pourquoi la Bible dit : « Christ nous a rachetés de la malédiction de la loi, étant devenu malédiction pour nous, car il est écrit : Maudit est quiconque est pendu au bois, » Galates 3 :13.

C'est ici que la malédiction de Genèse 3 était tombée.

Un jour, un serviteur de Dieu était scandalisé lorsque je lui ai dit : Tout homme qui continue à manger à la sueur de son front est sous la malédiction, et que toute femme qui est sous la domination de son mari est sous la malédiction.

Donc, pour un tel homme ou une telle femme, Jésus n'est toujours pas venu mourir sur la croix. Ou la mort et la résurrection de Jésus n'a pas encore une signification dans sa vie.

En Jésus – Christ, la femme n'est plus porteuse de la malédiction.

7. LA VIE ETERNELLE

1 Jean 5 : 12 – 13 dit « celui qui a le fils a la vie ; celui qui n'a pas le fils de Dieu n'a pas la vie. Je vous ai écrit ces choses afin que vous sachiez que vous avez la vie éternelle, vous qui croyez au nom du Fils de Dieu ».

Dans le Seigneur, la femme a la vie éternelle parce qu'elle a cru en Jésus Christ.

L'Apôtre Paul avait dit que la femme sera sauvée en devenant mère, et en persévérant dans la Foi, l'amour et la sainteté.

La foi, c'est le fait de croire en Jésus – Christ.

En invitant Jésus Christ dans sa vie, la femme a la vie éternelle (le contraire de la mort éternelle).

8. LA SACRIFICATURE OU SACERDOCE

C'est le ministère du Sacrificateur sous la loi mosaïque. La sacrificature chrétienne est le privilège et la position inconditionnelle de tous les croyants. (1Pierre 2 :9).

En Israël, l'exercice de la sacrificature était réservé aux descendants d'Aaron. Les fonctions sacerdotales consistaient essentiellement à offrir les sacrifices prescrits par Dieu sous la loi, à intercéder pour le peuple et à effectuer le service divin au tabernacle, puis au temple. Les croyants actuels sont tous élevés à la dignité des sacrificateurs (apocalypses 1 :5 – 6).

Ils constituent une sainte sacrificature (1Pierre 2 :5) ; ils offrent maintenant des sacrifices spirituels à Dieu ; ils forment aussi une sacrificature royale, en témoignage devant le monde (1 pierre 2 : 9).Christ est maintenant notre souverain sacrificateur dans le ciel (Hébreux 2 : 17 ; 10 :21 ; 4 :14 ; 7 :26 -28).

Le fait de croire en Jésus Christ (Jean 1 :12, Romains 10 :9-10) a fait de la femme sacrificateur selon l'ordre de Melchisédek.

Dans la Nouvelle Alliance, la femme a eu le privilège et la position inconditionnelle de tous les croyants (1 Pierre 2 :9).

Dans le sacerdoce selon l'ordre Aaronique, femme, tu n'as aucun ministère à exercer. Car il ne concerne que les fils d'Aaron (les hommes). Cependant, dans le sacerdoce selon l'ordre de Melchisédek, à moins qu'on soit extrémiste ou légaliste, pour continuer à exclure la femme, tout croyant (homme ou femme) est élevé à la dignité de sacrificateur.

Le sacerdoce selon l'ordre d'Aaron n'a rien amené à la perfection, c'est pourquoi l'ordonnance antérieure a été abolie et remplacée par une seconde. Hébreux 8 :7.

9. TEMOIN DE JESUS - CHRIST

Témoin est celui qui certifie, qui peut certifier une chose qu'il a vue ou entendue.

Il est important de rappeler que la femme a participé à chaque détail de la vie terrestre de Jésus Christ. Vous trouverez la présence de la femme dans :

- La Naissance de Jésus (Essaie 7 : 14, Matt 1 : 18 – 25 , galates 4 : 4 – 5) ;
- La Présentation au temple (Luc 2 : 21 – 24) ;
- La Croissance de Jésus (Luc 2 :41 – 50) ;
- Le Ministère de Jésus (Luc 8 : 1 – 3) ;
- Le Chemin de Golgotha (Luc 23 : 26 – 31) ;
- La mort à la croix (Luc 23 : 44 – 49) ;
- L'ensevelissement de Jésus (Luc 23 : 50 – 56) ;
- La résurrection de Jésus (Luc 24 : 1 – 12) ;
- L'ascension de christ.

Tout ceci a donné à la femme la qualité de témoin de Jésus Christ. Cette mission ne pouvait être rendue possible et officielle qu'avec la Pentecôte. Car c'est le Saint Esprit qui pouvait donner la capacité surnaturelle pour accomplir la mission.

Le temps de la grâce ou la Nouvelle Alliance est focalisée sur le témoignage de Jésus Christ. C'est pourquoi Jésus fit cette recommandation à tout celui qui pouvait être son Témoin :

« Comme il se trouvait avec eux, il leur recommanda de ne pas s'éloigner de Jérusalem, mais d'attendre ce que le Père avait promis, ce que je vous ai annoncé, leur dit – il ; …Mais vous recevrez une puissance, le Saint – Esprit survenant sur vous, et vous serez mes témoins à Jérusalem, dans toute la Judée, dans la Samarie, et jusqu'aux extrémités de la terre ». Actes 1 :4,8

Parmi les disciples qui attendaient la venue de l'Esprit pour être Témoins de Jésus – Christ se trouvaient aussi des femmes.

La Bible : le montre clairement : « Quand ils furent arrivés, ils montèrent dans la chambre haute où ils se tenaient d'ordinaire ; C'étaient Pierre, Jean, Jacques, André, Philippe, Thomas, Barthélemy, Matthieu, Jacques fils d'Alphée, Simon le Zélote et Jude, fils de jacques. Tous d'un commun accord persévéraient dans la prière, avec les femmes et Marie, mère de Jésus, et avec les Frères de Jésus… » Actes 1 :13 – 15.

Avant la Pentecôte, même Pierre, un homme, n'avait pas le courage de Témoigner Christ : IL l'a renié (Jean 18 : 25 – 27) et il s'est retourné à la pêche (Jean 21 : 1 – 17).

Il n'était pas encore convertis, bien qu'il soit avec Jésus (Luc 22 : 31 – 34). Avant l'accomplissement de la Prophétie du prophète Joël, même après la résurrection de Christ, la vérité annoncée par la femme n'était pas digne de confiance à cause de l'esprit de la loi.

La femme était la première à vivre la résurrection de Jésus – Christ.

C'est elle qui était le premier témoin oculaire de la résurrection. Voici la déclaration de deux de ses disciples sur le chemin d'EMMAÜS :

Il est vrai que quelques femmes d'entre nous nous ont fort étonnés : « s'étant rendue de grand matin au sépulcre … quelques – uns de ceux qui étaient avec nous sont allés au sépulcre, et ils ont trouvé les choses comme les femmes l'avaient dit, mais lui, ils ne l'ont point vu ».Luc 24 :22 – 24.

Tout le monde devait attendre le règne du Saint Esprit pour s'enrôler dans la classe des Témoins. Et cela, pour que s'accomplisse la prophétie de Joël 2 : 28 – 32.

Dans Actes 2 :1-21, Tout le monde (y compris la femme) qui était dans la chambre haute a été baptisé du Saint Esprit , et avait reçu un droit légal et spirituel de témoigner Jésus Christ partout où on peut se retrouver.

Femme, ce que tu as vu et entendu du Seigneur Jésus Christ, n'hésite pas de l'annoncer au Monde.

10. MESSAGERE DE LA BONNE NOUVELLE DE JESUS CHRIST

La Bible dit : dans Psaumes 68 : 12 : « Le Seigneur dit un mot ou une parole, et les messagères de bonnes nouvelles sont une grande armée ».

Comme Jésus avait tout accompli à la croix pour la femme, il a trouvé que ce n'était pas un crime (péché) d'envoyer la femme pour aller annoncer aux hommes le message de la résurrection.

Selon qu'il est écrit : « …Jésus lui dit : Marie ! Elle se retourna, et lui dit en hébreu : Rabbouni ! C'est-à-dire, Maître ! Jésus lui dit : Ne me touche pas ; car je ne suis pas encore monté vers mon Père. Mais va trouver mes frères, et dis – leur que je monte vers mon Père et votre Père, vers mon Dieu et votre Dieu. Marie de Magdala alla annoncer aux disciples, qu'elle avait vu le Seigneur, et qu'il lui avait dit ces choses. Jean 20 :11 – 18

Etant témoin, la femme de la Nouvelle Alliance a reçu le mandat de proclamer l'Evangile de Jésus Christ.

Un messager est celui (celle) qui est chargé de porter un message.

Ce qui est à préciser est que Jésus n'a pas envoyé toutes les femmes pour annoncer la bonne nouvelle de sa résurrection, mais plutôt la femme qui lui a rencontré, celle qui est le témoin de sa résurrection. C'est-à-dire : la femme qui a été convaincue de la mort et de la résurrection de Jésus-Christ.

Prov 14 :25 dit :qu'un témoin véridique délivre des âmes. Il n'y a qu'un témoin qui peut être un bon messager comment un témoin peut –il délivrer les âmes lorsqu'il détient la vérité captive ?

Dans Romains 1 :18, Paul dit : « la colère de Dieu se révèle du ciel contre toute impiété et toute injustice des hommes qui retiennent injustement la vérité captive ».

Un témoin véritable est celui qui a vu ou entendu un fait et qui l'annonce fidèlement.

Quand Jésus a envoyé ces femmes pour porter le message de sa résurrection à ses frères, les disciples sur le chemin d'EMMAUS affirment qu'ils ont trouvé les choses comme les femmes les avaient dites .

Si ces femmes s'étaient tues à cause du légalisme, Jésus serait-il content d'elles ? Qu'arriverait-il à ces femmes si elles avaient caché ce message ?

Jésus avait condamné l'incrédulité et la dureté de cœur des disciples, parce qu'ils n'avaient pas cru à ceux qui l'avaient vu ressuscité. Marc 16 :9-14

Donc, la femme qui était jadis porteuse de la malédiction, dans la nouvelle alliance, Jésus a fait d'elle porteuse de la Bonne Nouvelle pour sauver les âmes.

11. FEMME SANS SEXE

A la création, l'homme et la femme avaient ensemble une mission terrestre : se multiplier et remplir la Terre (Gen 1 :27-28) pour l'accomplir, le sexe avait un grand rôle à jouer. Cependant, dans la nouvelle Alliance, le monde ou la terre étant peuplée des êtres humains, l'accent de la mission est mis sur faire de toutes les nations des disciples de Jésus-Christ. (Matthieu 28 :18-20, Marc 16 :15-

18, Actes 1 :18). La mission qui était de remplir la terre est devenue spirituelle : Dépeupler le royaume de Satan pour peupler le Royaume de Dieu.

Après avoir accompli l'œuvre rédemptrice à la croix du calvaire, Christ a recommandé aux rachetés de prêcher l'Evangile pour le salut de l'humanité.

Cette mission a pour but de former la véritable femme qui est l'EGISE. L'Apôtre PAUL nous révèle cette femme spirituelle quand il dit : car je suis jaloux de vous d'une jalousie de Dieu, parce que je vous ai fiancés à un seul époux, pour vous présenter à christ comme une vierge pure. 2 Corint 11 :2 ; Et il ajoute : « … parce que nous sommes membres de son corps. C'est pourquoi l'homme quittera son père et sa mère, s'attachera à sa femme, et les deux deviendront une seule chair. Ce mystère est grand ; je dis cela par rapport à christ et à l'Eglise » Eph 5 : 27-33

L'Eglise est la communauté de tous les croyants de la nouvelle Alliance que le lien de la Foi et l'action régénératrice du Saint-Esprit unissent d'une façon vitale à Jésus-Christ 2 Corint 12 :12-27

La Nouvelle alliance conditionnée par la Nouvelle naissance n'accorde pas la primauté au sexe. Car le sexe fait vivre la chair. Dans 1 Corint 15 :50, l'Apôtre PAUL dit : « ce que je dis frères, c'est que la chair et le Sang ne peuvent hériter le Royaume de Dieu, et que la corruption n'hérite pas l'incorruptibilité ».

C'est pourquoi, la croix est le passage obligé de tout être humain (homme ou femme désirant le salut) pour crucifier sa chair, obstacle pour le royaume de Dieu.

La Bible dit : « ceux qui sont à Jésus-Christ ont crucifié la chair avec ses passions et ses désirs». Galates 5 :24

L'Apôtre Paul met en garde ceux qui vivent selon la chair : « Ceux, en effet, qui vivent selon la chair s'affectionne aux choses de la chair, tandis que ceux qui vivent selon l'Esprit s'affectionnent aux choses de l'Esprit. Et l'affection de la chair, c'est la mort, tandis que l'affection de l'Esprit, C'est la vie et la paix ; car l'affection de la chair est inimitié contre Dieu, parce qu'elle ne se soumet pas à la loi de Dieu, et qu'elle ne le peut même pas. Or, ceux qui vivent selon la chair ne sauraient plaire à Dieu. Pour vous, vous ne vivez pas selon la chair, mais selon l'Esprit, si du moins l'Esprit de Dieu habite en vous. Si quelqu'un n'a pas l'Esprit de christ, il ne lui appartient pas. Et si christ est en vous, le corps, il est vrai, est mort à cause du péché, mais l'Esprit est vie à cause de la justice… Ainsi donc frères, nous ne sommes point redevables à la chair. Pour vivre selon la chair, si vous vivez selon la chair, vous mourrez ; mais si par l'Esprit vous faites mourir les actions du corps, vous vivrez. Romains 8 : 5-13

La Nouvelle alliance ne s'intéresse pas aux genres (masculin ou féminin). Car le genre est lié à la nature humaine. Une personne morte et ressuscitée avec christ ne vit plus selon le pouvoir de son sexe. Car ceci a été crucifié à la croix.

Le Sexe donne un caractère différent à l'un ou à l'autre, alors qu'il est recommandés aux membres du Royaume de Dieu d'être un en Jésus-Christ (jean 17 :11) un même caractère (fruit de l'Esprit ou caractère chrétien, Gal 5 :22) un même sentiment, un même amour, une même âme, une même pensée, etc. (Philippiens 2 :2,5 ; Rom 12 :16)

NB : Il est important de savoir qu'ici la femme est abordée dans un contexte restreint ou précis : DANS LE SEIGNEUR. Mais plutard, sous les lunettes de DIEU nous amènera à parler de la femme DANS LE MARIAGE ceci pourra donner de la lumière à ceux qui font des débats non fondés ou des discussions vaines sur la femme.

Sous les lunettes de Dieu, Salomon rapporte ceci ; « **voici ce que mon âme cherche encore, et que je n'ai point trouvé, j'ai trouvé un homme entre mille ; mais je n'ai pas trouvé une femme entre elles toutes».** Ecclésiaste 7 :28

Le plus bel homme d'entre mille, c'est Jésus-Christ. Aussi longtemps qu'il n'était pas encore apparu, on ne pourrait pas trouver une femme entre les hommes. Celle-ci devait attendre le temps fixé pour se révéler. Cette femme n'était pas un être humain de sexe féminin, mais un corps spirituel qui est L'EGLISE.

Dans le seigneur, les hommes et les femmes sont des membres qui forment ce corps. Supposons que chaque membre ait un sexe, quel type de corps formerait-on ?

Dans le royaume de Dieu, formé par les rachetés, il n'y aura pas des hommes et des femmes, car on sera sans sexe comme les anges. Matthieu 22 : 23-30. Dans le seigneur, l'homme ou la femme est sans sexe. Malgré que les légalistes ou les extrémistes s'appuyant sur Paul pour incriminer ou exclure la femme, Paul dit clairement : « car vous êtes tous fils de Dieu par la foi en Jésus-Christ ; vous tous, qui avez été baptisés en christ, vous avez revêtu christ. Il n'y a ni juif, ni Grec, il n'y a ni esclave, ni libre, il n'y a ni homme, ni femme ; car tous vous êtes Un en Jésus-Christ.» Galates 3 : 26-28.

Tout homme ou toute femme qui porte un sexe dans le seigneur est un danger permanant pour l'Evangile. Car il n'est pas passé par la croix.

Femme dans le seigneur, le jour où tu te rendras compte que tu es un être humain de sexe féminin, c'est ce jour-là que tu seras affaiblie et que tu échoueras dans la mission que Dieu t'a confiée pour son royaume.

12. FEMME DISCIPE DE JESUS-CHRIST

« Allez, faites de toutes les nations des disciples, les baptisant au nom du père, du Fils et du Saint-Esprit, et enseignez-leur à observer tout ce que je vous ai prescrit. Et voici » je suis avec vous tous les jours, jusqu'à la fin du monde ; Matthieu 28 :19-20

Cet ordre suprême constitue la mission officielle de la nouvelle Alliance. La volonté de Dieu était de faire de toutes les nations (monde entier, toute l'humanité) des disciples et non seulement des croyants.

DISCIPLE, du grec mathètes ; du verbe qui signifie : apprendre ; le Dictionnaire de la Bible (Petit dictionnaire NTR.Pigeon) définit ce terme comme celui qui s'attache au maitre, suit ses enseignements et les met en pratique. Il ajoute qu'un disciple est celui qui reçoit par la foi les enseignements de Jésus et des apôtres, et les mets en pratique.

Selon le dictionnaire français, disciple est une personne qui reçoit un enseignement, qui suit la doctrine d'un maitre ou se met sous le patronage de quelqu'un.

Il ne suffit pas de croire seulement en Jésus, mais il faut devenir aussi son disciple. C'est la raison pour laquelle ceux qui avaient cru à l'Evangile devaient persévérer dans les enseignements des apôtres.

La Bible dit : ceux qui acceptèrent sa parole furent baptisés, et en ce jour-là, le nombre des disciples augmenta d'environs trois mille âmes. « Ils persévéraient dans l'enseignement des apôtres, dans la fraction du pain, et dans les prières… » Actes 2 : 41-47.

L'Evangile a pour but de faire de toutes les nations les disciples. Ce que Jésus attend de la femme comme de l'homme, c'est être disciple pour faire des disciples de Jésus-Christ. Une femme née de nouveau et qui persévère dans la doctrine de Christ est disciple de Jésus-Christ.

Le seigneur jésus nous donne une leçon importante dans l'histoire de Marthe et Marie : « Comme jésus était en chemin avec ses disciples, il entra dans un village, et une femme, nommée Marthe, le reçoit dans sa maison. Elle avait une sœur, nommée Marie, qui s'étant assise aux pieds du seigneur, écoutait sa parole ; Marthe, occupée à divers soins domestiques, survint et dit : seigneur, cela ne te fait-il rien que ma sœur me laisse seule pour servir ? Dis-lui donc de m'aider, le Seigneur lui répondit : Marthe, tu t'inquiètes et tu t'agites pour beaucoup de choses, une seule chose est nécessaire, Marie a choisi la bonne part, qui ne lui sera point ôtée ». Luc 10 : 38 - 42

Pendant que Marthe, une femme qui croyait que recevoir Jésus suffit, et qu'elle était une femme de ménage, Marie a compris qu'elle pouvait aussi être disciple de Jésus-Christ, c'est-à-dire : s'asseoir aux pieds de Jésus pour suivre les enseignements.

Pendant que Marthe croyait qu'elle faisait ce qui pouvait plaire à Jésus, mais Jésus préféra l'acte posé par Marie. Et Jésus a répondu clairement à Marthe que Marie avait choisi la bonne part.

La Bonne part que la femme doit choisir, c'est d'être toujours aux pieds de Jésus pour écouter sa parole. Le fait d'être disciple, donne à la femme une certaine maturité lui permettant d'être utile dans le royaume de Dieu ou dans le champ du maitre.

13. BAPTISEE DU SAINT-ESPRIT

Toute personne membre de la Nouvelle alliance avec Dieu par Jésus-Christ bénéficie du privilège d'être baptisée du Saint-Esprit. JEAN BAPTISTE, le précurseur de Jésus dit : « Moi, je vous baptise d'eau, pour vous amener à la repentance ; mais celui qui vient après moi est plus puissant que moi, et je ne suis pas digne de porter ses souliers, lui il vous baptisera du Saint-Esprit et de feu ». Matthieu 3 : 11.

Le Baptême de Jean (baptême d'eau) était le baptême de la repentance, tandis que celui de Jésus-Christ est le baptême du Saint-Esprit et de feu. Après la repentance et la Foi en Jésus-Christ, condition d'accès au royaume de Dieu (Marc 1 : 14-15), un véritable croyant doit passer par le Baptême du Saint-Esprit pour devenir utile dans le royaume de Dieu.

Pendant l'humanité (la vie terrestre) de Jésus, la prophétie de Joël 2 : 28 – 29 n'était pas encore accomplie. C'est pourquoi même ceux que Jésus avait prêché ne pouvait pas entrer dans le champ missionnaire sans que la promesse du Père ait son accomplissement.

C'est à la Pentecôte, le temps fixé de Dieu, que la promesse de répandre l'Esprit sur toute chair a été accomplie. C'était le règne officiel du Saint – Esprit, la fin du règne de la loi, l'inauguration officielle de la Nouvelle Alliance et le lancement de la construction de L'Eglise, corps du Christ. Actes 2 : 1 – 21.

Toute personne qui reçoit Christ dans sa vie ou qui est appelée au Salut reçoit le Saint – Esprit. Tandis que le baptême du Saint –Esprit est pour ceux qui sont appelés au service.

Pour expliquer l'utilité du baptême dans le Saint – Esprit, observons la mission que la colombe avait accomplie au temps de Noé.

Au moment du Déluge, la feuille d'olivier ne se trouvait pas dans l'arche de Noé, mais quand Noé a envoyé la colombe en mission sur la terre, elle avait arraché une feuille d'olivier de la terre pour l'introduire dans l'arche (chez Noé). Genèse 8 : 8 – 12.

Cette mission est semblable à celle du Saint Esprit. Le revêtement nécessaire pour tout membre de la Nouvelle Alliance ; c'est l'accomplissement de la promesse du Père (Actes 2 : 4 ; 2 : 38 – 39 ; Joël 2 : 28 – 29).

Le Baptême du Saint Esprit conduit le Croyant à la maturité pour produire le fruit de l'Esprit (le caractère de Christ ou le caractère Chrétien). Galates 5 :22 ; 1Corinthiens 1 : 13.

Ce Baptême donne la capacité surnaturelle pour accomplir une mission , Pour témoigner Jésus Christ ou annoncer l'Evangile jusqu'aux extrémités de la terre. (Actes 1 :8).

Comme la promesse de Joël 2 : 28 – 29 concernant toute chair, au jour de la Pentecôte, parmi les 120 personnes qui étaient dans la chambre haute, se trouvaient aussi des femmes. Actes 1 : 12 - 14).

La femme faisant parti des membres qui forment le corps du Christ ou la véritable FEMME, est aussi appelée au baptême du Saint Esprit.

La Nouvelle Alliance a accordé à la femme dans le Seigneur le privilège d'être baptisée dans le Saint Esprit.

IL y a beaucoup à inscrire sur la liste des avantages que la femme dans le Seigneur reçoit dans la Nouvelle Alliance. Nous ne serons pas à mesure de tout donner. Ces quelques avantages pourront vous aider à réaliser que le Dieu de la Nouvelle Alliance ne considère pas la femme tel que le monde la considère.

Dans la Nouvelle Alliance il y a une seule **Femme** (EGLISE) et un seul **Homme** (Jésus Christ). Dans la Nouvelle Alliance, il n'y a pas des lois qui favorisent les hommes au détriment des femmes ou Vice Versa.

La seule loi de l'amour régit l'homme et la femme. Il n'y a pas un péché qui ne s'applique qu'aux hommes ou qu'aux femmes. IL est à rappeler que Dieu ne fait acception de personne (et en Christ, il n'y a ni homme, ni femme, dit Paul).

A ne pas confondre la femme dans le Seigneur avec la femme dans le mariage que nous allons développer dans les Pages qui suivent.

CHAP IV : FEMME DANS LE MARIAGE

I. EVOLUTION HISTORIQUE DU MARIAGE DE LA CREATION A NOS JOURS

4.1. LE MARIAGE A LA CREATION

Comme nous abordons notre sujet : la femme sous les lunettes de Dieu, L'évolution historique du mariage depuis Adam et Eve jusque dans la Nouvelle Alliance, nous aidera à placer la femme dans son vrai contexte pour retrouver sa vraie image dans le mariage.

Quand Dieu créa l'homme et la femme, il les a unis dans le lien du mariage dans le but d'accomplir la mission (mandat) Genèse 1 :28. Comme nous l'avons déjà dit dans le mandat de la femme, la différence justifiée de sexe entre l'homme et la femme ne trouve sa raison que dans l'obéissance à la loi de la reproduction. En dehors de ce mandat ou mission terrestre, la femme restait plus semblable que différente à l'homme.

La lourde responsabilité que Dieu avait donnée à l'être humain ne pouvait pas se faire dans la solitude, mais dans la solidarité. (Genèse 2 :18-24, Eccl 4 : 9-13). C'est pourquoi Dieu devait séparer L'HOMME en homme et femme afin de les unir dans le lien du mariage pour réaliser le souhait de Dieu (Gen 5 ;1-2).

La Bible le montre clairement : « C'est pourquoi l'homme quittera (séparation) son père et sa mère, et s'attachera (attachement) à sa femme, et ils deviendront une seule chair ». Genèse 2 :24 ce passage résume la pensée ou la conception de Dieu sur le mariage.

C'est dans cette institution divine que le mariage tire son vrai sens pour être défini comme une union d'un homme et d'une femme dans le but de s'unir à vie en formant un couple. Ce passage nous indique aussi le type de mariage auquel Dieu prend plaisir d'unir l'homme et la femme : c'est la monogamie (le mariage qui unit un seul homme et une seule femme)

Tout lien du mariage qui n'obéit pas à cette forme de mariage n'est pas approuvé par Dieu. Le mariage institué par Dieu a un caractère indissociable car la femme est une aide semblable. (Genèse 2 : 18-24, Matthieu 19 :3-9).

4.2. LE MARIAGE DE GENESE 3

Comme nous avons dit ci-haut sur la femme de Genèse 3, dans cette condition le mariage revêt un autre caractère. Dans Genèse 3, avec Satan comme destructeur, avec l'entrée du péché dans le monde, le mariage va perdre son vrai sens. Sous les effets de la colère, Dieu prononça une sentence ou la malédiction sur l'homme et la femme qui étaient jadis bénis. Cette malédiction a occasionné un joug pesant sur la femme. C'est-à-dire, la domination de l'homme sur la femme. (Genèse 3 :16).

Cette situation chaotique a engendré d'autres formes des mariages que nous allons citer quelques exemples dans les pages qui suivent. Le mariage de genèse 3 n'est pas un mariage à prendre comme modèle ou sur base duquel on peut évaluer la femme dans le mariage. Une femme qui demeure sous le régime du péché ne vit jamais le bonheur dans le mariage ; et ne peut jamais être un porte bonheur.

4.3. DANS L'ANCIENNE ALLIANCE

Dans l'histoire d'Israël, sur l'évolution historique du mariage on a assisté à d'autres systèmes dans lesquels la femme ne pouvait pas retrouver sa dignité dans le mariage en guise d'exemples :

1. LA POLYGAMIE

Dans l'histoire du mariage, il faut noter que la polygamie (le fait d'avoir plusieurs femmes) dans le monde a commencé avec LEMEC, descendant de Caïn. (Genèse 4 :16-19)

Il est important de noter que dans l'ancien testament (Ancienne Alliance) dans l'antiquité d'Israël, la femme tenait la position d'esclave ; elle était la propriété, la chose de son mari ; la monogamie était exceptionnelle et tardive.

L'organisation patriarcale de la famille devait nécessairement conduire à la polygamie (Genèse 36 :2) le mariage, pour l'hébreu, n'a qu'un but : la procréation d'enfants et surtout d'enfants males (Genèse 30 :1, psaumes 127 :4-5, Prov 17 :6). Car la famille ne devait pas s'éteindre ; c'est le culte des ancêtres (la coutume), ce culte familial des temps les plus anciens, qui l'exige. Or une femme pouvait ne pas avoir d'enfants. Dans ce cas, elle avait le droit de donner, comme le fit Sarah (Genèse 16 : 1-3), sa servante personnelle à son mari en reconnaissant l'enfant que celle-ci mettrait au monde comme son enfant à elle.

Voici comment le mari pouvait acquérir ses femmes :

- Par enlèvement à la guerre ou par la force, et ce sera le mariage par rapt (Juges 5 :30 , Deutéronome 20 :14 ; 21 :10-14 ; 1 Rois 20 :3)
- Par achat (Genèse 24 :16, Exode 22 :16, Deutéronome 22 :29), ceci se fait en achetant la femme pour une somme versée aux parents de la future épouse, et c'est le type normal du mariage chez les israélites comme il l'est déjà dans le Code de Hammourabi, et encore aujourd'hui chez les fellahs en Egypte, même chez nous dans la République Démocratique du Congo.
- La Bigamie, qu'il s'agisse des patriarches (Genèse 16 :3 ; 29 :23; 30 :4) ;des juges (juges 8 :30 ;9 :2) ; de particuliers comme ELKANA (1 Samuel 1 : 2)

2. *LA BIGAMIE*

Le mari pouvait aussi épouser une seconde femme du vivant de sa première épouse. Dans les temps anciens, la règle parait avoir été, en effet, d'avoir deux femmes légitimes (Genèse 4 : 19 , 26 :34 ; 29, 1 Samuel 1 :2)

La Polygamie se réduisant donc généralement à la bigamie, et ceci pour des raisons purement matérielles, car l'entretien d'un harem est un luxe que seuls les grands de la terre, comme David (2 samuel 3 : 2 ,5) ou Salomon (1Rois 11 :3 , cant 6 :8) pouvaient se permettre.

Mais la bigamie avait ses inconvénients. La femme qui avait donné des enfants à son mari méprisait souvent l'épouse stérile (Genèse 16 : 1 – 5 , 1 Samuel 1 : 6) ; il est vrai que cette dernière traitait la femme préférée d'ennemie (1 Samuel 1 :6).

C'est surtout l'influence du prophétisme qui amena une appréciation plus juste du rôle de la femme, de sorte que la bigamie finit par céder la place à la monogamie. Le récit de la création la présuppose.

Les Proverbes ne parlent partout que d'une seule épouse (Prov 12 :4 ; 18 :22 ;19 :14 ;31 :10 – 30). Osée et Esaïe n'avaient qu'une femme (Osée 1 :3 ; Esaïe 8 : 3) et après l'exil, la monogamie est la règle (Matt 18 : 25, Luc 1 : 5, Actes 5 :1). Le mariage est devenu une institution sacrée, une « Alliance de Dieu » (Proverbes 2 :17), qui en est le témoin (Malachie 2 : 14).

3. LA POLYANDRIE

C'est l'état d'une femme qui est mariée à plusieurs hommes. Il est à noter que la famille hébraïque était fondée sur le principe de la filiation féminine, c'est-à-dire qu'elle se groupait exclusivement autour de la mère. C'est pourquoi on distingue cette organisation, qui appartient encore aujourd'hui par les termes de matriarcat ou de métrachie.

Dans ce type de famille, l'enfant appartient au clan de la mère. C'est elle qui lui donne son nom, usage qui a persisté en Israël jusqu'au VIII^{éme} siècle (Genèse 4 :1 ; 19 :36 ; 29 :32 – 35 ;30 :6 – 14 ; 18 – 24 ; Juges 13 :24 ; 1Samuel 1 : 20, 4 :21 ;Esaïe 7 :14). C'est elle qui possède la tente dans laquelle la famille habite. C'est dans son clan qu'entre le mari (Genèse 24 :5) en quittant son père et sa mère (Gen. 2 :24).

- **Le divorce dans l'ancienne alliance**

Dans l'ancienne alliance, la femme étant la chose ou la propriété du mari, elle était considérée comme mineure et restait mineure durant tout son mariage. Sans oublier que la Bible déclare que lorsque l'héritier est enfant, il ne diffère à rien d'esclave (Galates 4 : 1). C'est dans cette logique que la femme a été traitée d'une esclave.

Le sort de la femme en général était dur, car non seulement elle était astreinte aux travaux domestiques, c'était encore elle qui labourait les champs et gardait les troupeaux (Proverbes 31 : 10 – 31).

Le Père du futur marié ayant fixé son choix (Genèse 24 :2, 28 :2 ; 38 :6 , juges 14 : 2), la jeune fille ne peut pas refuser le prétendant. En général l'autorité du Père qui était le chef de la famille, qui pouvait vendre ses enfants comme esclaves (Exode 21 : 7) et qui avait droit de vie et de mort sur eux (juges 11 : 39, 2 rois 16 :3, 21 : 6 ; Michée 6 :7, deutéronome 21 :18 – 21), était trop grande pour qu'une jeune fille puisse s'y opposer.

A cause de cela, le mari pouvait dissoudre le mariage qu'il avait contracté, sans que l'épouse puisse s'y opposer. Il n'avait même pas besoin d'indiquer des raisons : il suffisait qu'il prononce la formule consacrée qui , vu l'analogie babylonienne , est peut être conservée dans osée 2 : 2. : « Elle n'est pas ma femme et je ne suis pas son mari ».

Généralement, il devait lui remettre la « Lettre de Divorce ». (Esaë 50 :1, Deut. 24 : 1 – 3, Jérémie 3 :8 ; Matthieu 5 :31 ; 19 :7 ; Marc 10 : 4), pour lui permettre de se remarier, coutume qui a été adoptée par l'islamisme. Dans ce cas le mari renonce ou Mohar (la dote) qu'il avait payé et la femme retourne dans sa famille. La loi deutéronomique essaya, mais en termes vagues, de protéger la femme contre un renvoi arbitraire : il faut que le mari ait remarqué chez son épouse « quelque chose de honteux ».Deutéronome 24 :1.

Le Deutéronome interdit aussi à l'homme de réépouser la femme qu'il avait répudiée, quand celle – ci, remariée est devenue veuve ou a été répudiée par son second mari. Ce n'est pas là la coutume ancienne, ainsi que le prouve l'exemple d'osée.

Sous l'influence prophétique, une nouvelle tendance visant l'inviolabilité du mariage prit naissance (Malachie 2 :14 – 16), mais elle ne parait pas avoir rencontré la faveur générale. A preuve la grande liberté sexuelle dont jouissait l'homme, même marié.

La fidélité conjugale du mari n'était exigée par aucune loi. L'adultère n'existait pas pour l'homme. Seule la femme pouvait en être coupable, et dans ce cas, elle méritait la peine de mort (Deutéronome 22 :22, Ezec 16 :38 – 43 ;Jean 8 :5).

Le Deutéronome ne se montrait sévère que pour l'homme qui portait le trouble dans un autre ménage (Deutéronome 22 :22). Une ancienne coutume permettait à la femme accusée d'adultère de prouver son innocence par le moyen de l'ordalie, en buvant devant le prêtre « les eaux amères qui apportent la malédiction » (Nombre 5 :11 – 31). Il est important de noter que malgré la considération de la femme comme mineure, mainte femme fit preuve d'initiative intelligente :

- Mical (1 Samuel 19 :11 – 18)
- Abigaïl (1samuel 25 :14 -35)
- Sunamite (2 Rois 4 : 8 – 37 ;8 : 1 – 6)

Mais pourquoi Moïse devait – il prescrire le divorce ? Nous aurons la réponse dans la Nouvelle Alliance.

4. L'ENDOGAMIE

Sous l'ancienne alliance, depuis l'exil en particulier, les mariages avec les étrangères étaient considérés par les juifs comme une infidélité à un devoir national et religieux. De telles unions étaient souillées, elles portaient atteinte à la pureté de la race et de la vie. On sait ce qu'en pensait Esdras (Esdras 9 :1, 10 : 2 -) et on est frappé de l'énergie presque sauvage déployée par Néhémie pour les dissoudre (Néhémie 13 :23 – 25). Les juifs devaient donc pratiquer l'endogamie.

Cependant, le Nouveau Testament ne connait plus aucune restriction de ce genre. « L'auteur du premier évangile, semble se plaire à citer, parmi les ancêtres du Sauveur, deux étrangères », dont le mariage avait pu paraître anormal à certains rigoriste juifs, Rahab (Josué 6 : 25 , Mat 1 : 5) et (Ruth 1 :4 ; Mat 1 :5)

L'évangile manifeste ainsi une pensée universaliste, qui correspond aux déclarations bien claires de Paul (Gal 3 : 28 , Col 3 :11). Donc, dans l'ancienne alliance l'Exogamie (mariage avec les étrangers) était considérée comme un crime.

C'était une sorte de discrimination. C'est ainsi que quand Jésus est venu, il a trouvé cette loi selon laquelle les juifs et les samaritains ne pouvaient cohabiter (jean 4 : 3-26). L'endogamie constituait une barrière pour l'Evangile. Elle ne pouvait profiter qu'au racisme, tribalisme, ou d'autres discriminations.

4.4. DANS LA NOUVELLE ALLIANCE

Le christianisme est venu introduire une nouvelle ère dans l'histoire du mariage. Celui-ci donne à la famille une cohésion qu'elle n'a jamais eue auparavant, surtout dans le monde païen.

Le système chrétien fait de la monogamie une condition essentielle de la famille. La bigamie qui avait été pratiquée comme une chose toute naturelle dans l'ancien Israël(Deut 21 :15, 1Sam 1 :2) et qui n'avait peut-être pas entièrement disparu chez les juifs du premier siècle, et la polygamie, que les rois d'Israël avaient considérée comme un de leurs privilèges, furent condamnées indirectement sinon en termes exprès, par les paroles de Jésus insistant sur l'union intime, exclusive dans le mariage, d'un homme avec une femme. « … Ils deviendront une seule chair », dit Jésus (Matt 19 : 5), citant Genèse 2 :24, passage qui pour lui établissait un principe dont on n'aurait jamais dû s'écarter.

Avec la monogamie, les devoirs du mariage sont devenus précis. Jésus ne les a pas énumérés, mais ils découlaient de la déclaration précitée : « … Les deux deviendront une seule chair ». Dans le même ordre d'idée, les apôtres l'ont compris. « Jamais personne n'a haï sa propre chair » (Eph 5 : 29), Dans la nouvelle alliance, le mariage chrétien exige les devoirs ci-après : L'amour, la pureté et la fidélité.

1. *L'amour*

L'apôtre Paul proclame le devoir essentiel de l'amour entre époux « Que chacun de vous aime sa femme comme lui-même » (Eph 5 : 33), « … comme sa propre chair » (Eph 5 : 23). Ou encore, car Paul semble accumuler ses recommandations sur ce point et chercher les plus expressives, « comme christ a aimé l'Eglise » Eph 5 : 25.

Il n'y a donc pas de limites à l'affection pratique et active qu'un époux doit à son épouse. Ceux qui ne comprennent pas la philosophie de Paul pensent que l'apôtre Paul a accordé plus de privilège à l'homme qu'à la femme. Ils se limitent seulement au niveau de femmes soyez soumises à vos maris, et maris aimez vos femmes. Alors qu'il va jusqu'à dire : « … comme christ a aimé l'Eglise, et s'est livré lui-même pour elle ».

Un véritable époux doit se mesurer à la taille de Jésus-Christ pour mériter l'obéissance ou la soumission totale ou parfaite de la femme. Ce que Paul exige à l'homme est plus difficile que ce qu'il exige à la femme. Dans la conception du véritable mari, Jésus-Christ l'auteur de la Nouvelle Alliance, l'amour donne et se donne (Jean 15 : 13).

Vu les caractéristiques de l'amour véritable selon 1 corint 13 : 4-7 , Paul exige à l'homme dans le mariage de :

- Etre patient;
- Etre bon;
- Ne pas être envieux;
- Ne pas se vanter;
- Ne pas être orgueilleux;
- Ne rien faire de malhonnête;
- Ne pas être égoïste(ne pas chercher son propre intérêt);
- Ne pas s'irriter;
- Ne pas soupçonner le mal;
- Ne pas être injuste (or la justice vise l'équilibre) la justice est le Sentiment de donner à chacun ce qu'il mérite de manière juste en respectant tous les droits d'autrui). Car Lors que les droits de la femme sont respectés, elle n'a pas besoin de crier à la parité;
- Se réjouir de la vérité (bannir le mensonge, la ruse et la tromperie);
- Excuser tout (tout pardonner pour effacer le divorce dans la mémoire);
- Tout croire (la confiance en sa femme pour éviter les arrières pensés);
- Espérer tout (croire que tout ira mieux);

- Tout supporter (la maitrise de soi).

NB : Dans ce qui est recommandé aux maris, Paul voulait leur dire que fini le temps de la domination sur la femme.

2. La pureté

L'Apôtre Pierre à son tour insiste délicatement sur les égards dûs par les maris à leurs femmes : « Montrez de la sagesse dans vos rapports avec vos femmes comme avec un sexe plus faible » 1 Pierre 3 : 7. Cet avis introduit le devoir de la pureté dans le mariage, qui apparait aussi dans le précepte de Héb 13 : 4 : « Que le lit conjugal soit exempt de souillure » c'est évidemment à cette condition seulement que l'enseignement de Eph 5 : 33, peut être réalisé : « Que la femme respecte son mari »

3. La fidélité

Le Nouveau Testament réclame un troisième devoir qui est la fidélité. Il (3ème devoir) est intimement lié aux deux autres.

L'ancien Testament l'exigeait de la femme, mais non pas du mari ; et tant qu'il y eut des esclaves en Palestine, une femme ou une jeune fille, achetée ou captive n'était pas protégée contre son maitre (Deut 21 : 11). Les anciens païens entrés dans l'Eglise étaient tentés de conserver des habitudes de relâchement que personne ne leur avait jamais reprochées. Aussi l'Eglise dut-elle prendre une attitude très nette. Le concile de Jérusalem condamna sans rémission toute espèce d'impudicité (Actes 15 : 20, 29) et Saint Paul fut toujours ferme sur ce point : il place les écarts sexuels en tête de la liste des grands péchés (1 Thess 4 : 3, Gal 5 : 19, 1 Corint 6 : 13)

A la femme, que la plupart des écrits du Nouveau Testament considèrent comme subordonnée à l'homme (1corint 11 : 7- 10), elle a pour premier devoir conjugal l'obéissance (Eph 5 : 22, Col 3 : 18, 1 Pierre 3 : 1). Son mari est son seigneur : (1 Corint 11 : 3)

La soumission sied à la femme, estime Saint Paul, puis qu'elle a été tirée de l'homme. Cependant l'enseignement chrétien contient en genre l'idée de l'égalité des sexes (Gal 3 : 28), et dans le passage si curieux de 1 Corint 11 : 3-10 la subordination proclamée au début est atténuée par les remarques qui suivent (verset et suivant)

La femme acquiert, par sa foi sa majorité morale ; elle est héritière des mêmes privilèges éternels (1 Pierre 3 : 7), mais des dernières conséquences de ce principe, en ce qui concerne les relations entre époux, ne sont point tirées.

Cette infériorité ou le sexe féminin est encore maintenu se manifeste dans les observations de Saint Paul au sujet du mariage des jeunes filles.

❖ Le divorce dans la nouvelle alliance

Divorce, du grec « apostasion » : « divorce, répudiation, lettre de divorce »

C'est le brisement des liens du mariage. Il fut autorisé sous la loi de Moise à cause de la dureté des cœurs, mais christ rappela l'indissolubilité du mariage au commencement (Deut 24 : 1 – 3 et Matt 19 : 3 – 8)

Le divorce était facile et fréquent dans le monde grec et Romain, mais ne devait pas être admis couramment dans l'Eglise.

En effet, la seule rupture admissible du mariage est celle qui résulte de la mort d'un des conjoints (Romains 7 : 2-3 ; 1 Corinth 7 :39) e Nouveau Testament condamne le divorce, qui rompt artificiellement un mariage pour lui en substituer un autre en cela la nouvelle alliance se distingue de l'ancienne.

Aux origines du peuple israélite, la rupture des liens du mariage était aisée, du moins en ce qui concerne l'époux, car l'épouse n'avait pas les mêmes droits. Jésus se prononce donc d'une façon tout à fait catégorique.

Ses paroles, telles que nous les trouvons dans le chapitre déjà cité (Matthieu 19), dans le parallèle Marc 10 : 2,9 et dans Luc 16 :18, n'ouvrent la porte à aucune exception. Jésus n'admet ni la répudiation, laquelle dépend de la seule volonté du mari, ni le divorce de la justice, à la requête de l'un ou de l'autre des époux.

Le mot lui – même de divorce n'appartient pas à la langue du Nouveau Testament. On ne le retrouve que dans l'expression « La Lettre de Divorce » employée dans la traduction de Deutéronome 24 :1.

Jésus est venu restaurer l'équilibre de liberté entre l'homme et la femme. Il a brisé l'orgueil de l'homme qui avait le monopole de la répudiation à cause de sa liberté sexuelle. Il a placé l'adultère comme péché pour l'homme aussi.

Jésus les a mis devant un fait accompli pour dire que s'ils admettaient et maintenaient que l'adultère était la raison de la répudiation donc, la femme aussi pouvait répudier l'homme.

Tout ce que Jésus pouvait dire sur le mariage et le divorce dans la Nouvelle Alliance était résumé dans : « N'avez – vous pas lu que le créateur, au commencement, fit l'homme et la femme et qu'il dit : c'est pourquoi l'homme quittera son père et sa mère, et s'attachera à sa femme, et les deux deviendront une seule chair ? Ainsi ils ne sont plus deux, mais ils sont une seule chair. Que l'homme donc ne sépare pas ce que Dieu a joint. « Matthieu 19 : 4 – 6 ».

Paul avait bien compris la pensée de Jésus Christ , c'est pourquoi dans son enseignement sur le mariage il dit : « A ceux qui sont mariés , j'ordonne non pas moi, mais le Seigneur , que la femme ne se sépare point de son mari (si elle est séparée , qu'elle demeure sans marier ou qu'elle se réconcilie avec son mari) , et que le mari ne répudie point sa femme … et si une femme a un mari non croyant , et qu'il consente à habiter avec elle , qu'elle ne répudie point son mari ». 1Corinthien 7 : 8 – 13.

La Nouvelle Alliance a ouvert la voie du Pardon ou de la réconciliation pour éradiquer le divorce artificiel dans le mariage. Et le seul motif de la rupture du lien du mariage demeure la mort de l'un des conjoints.

L'évolution historique du mariage est indispensable pour avoir la vision claire de Dieu sur le mariage.

4.5. LES DEVOIRS DE LA FEMME DANS LE MARIAGE

1. Les tâches ménagères tellesques :
    - L'entretien du logis
    - Les achats de consommation courante
    - La préparation des repas
    - La surveillance
    - L'éducation des enfants.
2. Les époux se doivent mutuellement respect, fidélité, secours, assistance.

Le choix de la résidence de la famille appartient au mari : la femme est obligée d'habiter avec lui et il est tenu de la recevoir.

3. Dans un couple, le rôle de la femme sera d'aider et soutenir son mari.

Elle doit aider son homme dans le sens où elle doit assumer son ministère d'aide auprès de lui.

En effet elle doit reconnaître que son homme ne peut pas exercer correctement son rôle de chef de famille sans son aide.

Une femme, qui recherche l'épanouissement et l'harmonie dans son foyer , doit faire de son mieux pour être une femme vertueuse (Genèse 31 :10 – 31). N'oubliez pas que l'union entre l'homme et la femme est complémentaire pour un but précis. Entant qu'aide, ne cherche pas à être ce que l'homme est déjà. Mais viens avec ton expertise pour compléter l'homme en vue d'accomplir le but du mariage.

4.6. LE COMPORTEMENT DE LA FEMME DANS LE MARIAGE

Dans le mariage, le comportement de la femme dépend d'une femme à une autre. Cela est dû à plusieurs facteurs.

1° SON ORIGINE

Le comportement d'une femme dans le mariage peut être hérité de son origine. Le fait d'appartenir à une race, une tribu, un clan, une famille, une coutume, etc. peut donner à la femme une manière de se comporter ou une attitude dans le mariage.

L'hérédité transporte un caractère génétique des ascendants aux descendants. C'est pourquoi sous l'influence de l'hérédité, une femme reçoit un caractère qui peut lui donner une manière de se comporter dans la société en général, et dans le mariage en particulier.

Chaque lignée à laquelle appartient la femme a une civilisation et une philosophie sur le mariage. L'origine d'une personne joue un rôle remarquable dans son comportement dans la société.

2° SON EDUCATION

L'éducation est la connaissance et la pratique des usages de la société, relativement aux manières, aux égards, à la politesse. L'éducation reçue joue un rôle très capital dans le comportement d'une femme dans le mariage.

Une femme qui a reçu une bonne base de l'éducation aura une conduite excellente dans le mariage. Au cas contraire, on aura affaire à une femme insensée, querelleuse ou une femme carie (Proverbes 14 :1b, 21 : 9,19)

Le premier comportement de la femme dans le mariage est le résultat de son éducation de base : ce qu'elle a vu et entendu de ses parents. C'est pourquoi nous disons en passant aux parents de faire attention à l'image qu'ils laissent dans la mémoire de leurs enfants.

Une fille qui a reçu une éducation diffuse ou de la rue ne pourra jamais être une bonne femme dans le mariage. Il sied de noter que la beauté attire, mais c'est le caractère qui fait asseoir.

Une femme qui a la crise morale est un danger permanent dans le mariage. C'est ainsi qu'on peut trouver dans le mariage des femmes sans pudeur , immorales , querelleuses, légères , insoumises, perverses, menteuses, voleuses , impolies, sans manière, impossible, etc.

Une bonne éducation rend une femme vertueuse et fait sa qualité (Proverbes 31 :10 – 30). Les sages de ce monde ont dit que la femme est la maitresse de l'éducation. Car éduquer une femme, c'est éduquer toute une nation. L'éducation exerce une grande influence sur le comportement de la femme dans le mariage.

3° *LE NIVEAU INTELLECTUEL*

L'intelligence est la connaissance approfondie, compréhension nette et facile. Le comportement de la femme dans la société en générale et dans le mariage en particulier, peut aussi être influencé par son niveau intellectuel.

Le niveau intellectuel peut jouer une influence négative ou positive sur la manière de se comporter de la femme dans le mariage. Par exemple un niveau bas d'instruction peut pousser la femme au complexe d'infériorité ou aux incompréhensions.

Tandis qu'un niveau très élevé peut conduire la femme à l'orgueil (l'insoumission) ou au complexe de supériorité dans le mariage. Néanmoins, un niveau intellectuel acceptable permet à la femme d'avoir une connaissance approfondie, une compréhension nette et facile de la vie conjugale.

Que dirons – nous donc ? Toute femme serait – elle d'abord universitaire ou intellectuelle pour se marier ? Loin de là ! Nous sommes simplement entrain de démontrer les facteurs qui peuvent déterminer le caractère d'une femme dans la vie conjugale.

4° LA RELIGION (LA CROYANCE)

Chaque religion a une conception ou une philosophie sur le mariage. Et dans le mariage plusieurs femmes se comportent selon sa doctrine religieuse.

L'appartenance à une religion peut donner à la femme un mode de vie dans la vie conjugale. Chaque religion (islamisme, catholicisme, protestantisme, pentecôtisme, kimbanguisme, bouddhisme, indouisme, judaïsme, brahmanisme, christianisme, etc.) donne à ses adeptes une ligne de conduite sur le mariage.

C'est pour cela que, dans le mariage, la femme peut se comporter selon les exigences de sa religion ou sa foi. Par exemple, la foi chrétienne (le christianisme) met l'accent sur :

- L'amour (Eph. 5 :25 – 33)
- La pureté (hébreux 13 :4)
- La fidélité (actes 15 :20,29 ; 1 thes 4 :3 ;gal 5 :19, 1corint 6 :13)
- L'obéissance (Eph 5 : 22, col 3 :18 ;1 Pierre 3 :1)

5° LE RANG SOCIAL

Tout comme le niveau intellectuel, le rang social de la femme peut lui donner une manière de se comporter dans la vie conjugale.

6° SA CATEGORIE

Il ne faut pas seulement généraliser le comportement de la femme dans le mariage pour la rejeter en bloc, mais il faut d'abord identifier la catégorie dans laquelle elle se retrouve pour savoir quel fruit peut – elle produire dans le mariage.

Par exemple, une femme authentique ou femme de la Nouvelle Alliance ne peut pas se comporter de la même façon que celle de Genèse 3.

Chacune reflète l'image de la catégorie à laquelle elle appartient.

Il n'y a pas que ce que nous venons de citer qui influence le comportement de la femme dans le mariage.

Mais ce qui est important de noter qu'aussi longtemps que toutes les femmes n'auront pas la même origine , même éducation, même religion , même niveau ou rang social , même catégorie , etc…………………………………………

Le comportement de la femme dans le mariage ne sera jamais identique : ce que Marie Jeanne peut être chez André n'est pas forcement ce qu'Agnès sera chez Christian.

4.7. FEMME DANS LA SOCIETE

Etymologiquement, société vient du latin « SOCIETA » de SOCIUS, accompagnement qui signifie union, association.

En droit, la société est l'assemblage d'hommes qui sont unis par la nature ou par des lois.

C'est la réunion d'hommes, d'animaux vivants en groupes organisés.

4.8. LA SOCIETE HUMAINE OU HUMANITE

L'humanité est une société composée des hommes créés par Dieu. Plutard, vous remarquerez qu'il y a aussi des sociétés crées par les hommes.

Bien que les évolutionnistes, ayant une intelligence obscurcie, attribuent l'existence de l'homme au singe, nous croyants, savons que seul Dieu est l'auteur de la création de l'homme et la femme.

4.9. LE ROLE AUTHENTIQUE DE LA FEMME DANS LA SOCIETE

Avant que la femme soit tirée de là où elle était cachée, l'homme ne pouvait pas être connu sous sa nature d'un être social. Selon la définition du concept société, avec l'homme seul ou avec les animaux, on ne pouvait pas parler de la société.

C'est la présence de la femme qui a donné un sens à l'existence d'une société humaine ou l'humanité. Sans la femme on ne parlerait jamais de la société. C'est grâce à elle qu'on pouvait connaître la nature de l'homme, c'est-à-dire un être social. Dieu avait constaté qu'il n'était pas bon que l'homme soit seul, car cela ne devrait pas favoriser l'atteinte de ses objectifs.

Il visait une société ayant pour but de perpétuer la race humaine, remplir la terre et l'assujettir. S'il faut aller plus loin, la femme est une « Machine » qui fabrique les « Outils » de la société humaine.

Donc, depuis les origines, Dieu n'a pas écarté la femme dans l'histoire, la composition, la gestion de la société, … Exclure la femme de l'histoire, la création, le développement et l'épanouissement de la société, c'est dissocier les parties qui forment un tout complet.

4.10. LE POSITIONNEMENT DE LA FEMME DANS LA SOCIETE

❖ *FEMME DANS LA SOCIETE NAISSANTE OU A PETITE ECHELLE*

L'unité de base d'une société, c'est la famille. La famille commence par le mariage (la première société composée de l'homme et la femme). Dans cette société, chaque membre a ses droits et ses devoirs. Dans cette société, la femme joue le rôle de la compagne ou aide semblable.

Ayant le même mandat que l'homme (Remplir la terre, l'assujettir et dominer sur toutes les créatures). La femme devait s'impliquer pour que leur interdépendance donne le résultat attendu par Dieu.

❖ *DANS LA SOCIETE EN PROGRESSION*

Lorsque la société naissante commence à produire, elle devient une famille composée d'un père, une mère et les enfants. Dans cette société, s'ajoute à la femme une autre responsabilité qui est celle de la maîtresse de l'éducation.

Dieu a placé un principe selon lequel, pour venir dans le monde physique ou dans la société humaine, Il faut passer par le ventre d'une femme. C'est là qu'on reçoit le corps (la tenue) qui donne accès dans le monde Physique.

Nul n'ignore que Dieu (Esprit et invisible) pour devenir Emmanuel devait passer par le ventre d'une femme (MARIE). Une société où il y a dépravation des mœurs ou des antis – valeurs, le progrès ou le développement de celle-ci est en danger.

C'est pourquoi le rôle de la maitresse de l'éducation joué par la femme lui donne une place incontestable dans la société. Comme nous l'avons dit ci – haut, un sage de ce monde pouvait dire : « Eduquer une femme, c'est éduquer toute une nation », car il avait compris que la femme est la maîtresse de l'éducation. Et on ne peut pas arriver à une nation sans passer par la femme.

❖ *DANS LA GRANDE SOCIETE*

Quand le fils devient aussi père et la fille devient mère, la société grandit. C'est alors que la société formée par une famille deviendra progressivement un clan, une tribu, une ethnie, village, groupement, secteur, territoire, district, province, pays, continent, le monde ou l'humanité.

Plus la société grandit, plus elle a besoin d'une bonne organisation et une bonne gestion ; elle nécessite un système politique approprié, une intelligence et une expertise.

C'est pour cette raison, les deux principaux acteurs (homme et la femme) doivent se mettre ensemble pour chercher et sauvegarder les intérêts de la société. Dans la société grandissante, la femme ne peut pas être démissionnaire de son rôle d'aide semblable. Une mère ne peut pas abandonner son rôle de mère parce qu'elle a donné naissance aux filles.

La femme doit toujours accompagner l'homme dans la gestion et l'organisation de la société.

4.11. LES QUALITES EXIGEES PAR LA SOCIETE

Pour une société stable et prospère, les acteurs doivent développer les valeurs suivantes :

- Qualité Spirituelle (crainte de Dieu, amour du prochain, justice, ...)
- Qualité Morale (avoir une bonne éducation, pas de crise morale, ...)
- Qualité Intellectuelle (une tête bien faite, un esprit supérieur ou l'intelligence)
- Qualité Sociale (la vie dans la communauté, savoir vivre, hospitalité, générosité)
- Qualité Physique (être en bonne santé, être apte, bonne condition hygiénique)
- Qualité Professionnelle (être compétent, travailleur, ne pas être paresseux ou oasif,...)
- Qualité Créative (être capable de créer, d'entreprendre, d'innover, d'inventer, esprit de la recherche,...)

La Société n'a pas besoin de la masculinité ou de la féminité. C'est pourquoi lorsqu'une femme détient ces qualités, elle est un don de Dieu pour la Société. Cependant, une femme qui ne remplit pas ces qualités sera une carie ou une destructrice pour la société. Il faut l'écarter de la gestion de la société.

(L'Apôtre Paul témoigne sur certaines femmes qu'il avait rencontrées dans la société).

A. DEBORAH, LA FEMME PATRIOTE (Juges 4 :4 - 5)

A l'époque de la théocratie, quand Dieu choisissait lui – même les dirigeants ou leaders pour son peuple, le choix de Dieu était porté sur une femme nommée DEBORA, Prophétesse, femme de LAPPIDOTH. La Bible dit qu'elle siégeait sous le palmier de Déborah, entre Rama et Béthel, dans la montagne d'Ephraïm ; et les enfants d'Israël montaient vers elle pour être jugés.

Barak, connaissant le rôle de la femme dans la société, a compris qu'il ne pouvait pas aller en bataille contre Sisera, chef de l'armée de jabin avec ses chars et ses troupes sans être accompagné de DEBORA, cette femme à qui Dieu avait doté des capacités. C'est ainsi qu'il va dire à DEBORA :

« Si tu viens avec Moi, j'irai ; mais si tu ne viens pas avec Moi, je n'irai pas » V.8. Pour l'amour de sa patrie, Déborah, cette femme leader d'un grand peuple de Dieu a accepté d'y aller. Elle savait que L'Eternel l'avait placé à la tête de cette grande société, Israël, pour défendre ses intérêts et chercher son bien-être.

Elle avait confiance en Dieu qui l'avait choisi et établi leader de son peuple, et elle avait aussi confiance en soi. C'est-à-dire en ce que Dieu lui avait donné comme capacité. Ce jour – là, L'Eternel a livré Sisera entre les mains d'une femme.

Quand la femme développe le patriotisme et le courage comme Déborah, et l'intelligence ou la haute sagesse comme Jaël, femme de Heber, elle aura une place de prédilection dans la société. Car l'humanité a besoin des femmes porteuses des solutions et non des femmes problématiques.

Nous pouvons ajouter dans l'histoire de la bible, malgré que plusieurs extrémistes et légalistes présentent un mauvais positionnement de Paul par rapport à la femme, dans son exercice ministériel, celui – ci a reconnu qu'il existait aussi à son époque des femmes des qualités ou de distinction dans la société. Ces femmes étaient des femmes de haut rang ou de la haute société. Actes 13 :50 ; 17 :4,12.

Tout ceci nous permet de conclure que dans la société, la place ou la limite de la femme ne dépend pas de la parité ou de l'émancipation, mais des capacités ou des valeurs que celle – ci peut posséder.

B. QUELQUES FEMMES QUI ONT MARQUENT L'HISTOIRE DANS LE MONDE

Ces femmes, auteurs, scientifiques, philosophes ou encore artistes, etc. Elles ont changés la face du monde en permettant une évolution de la place de la femme dans notre société. Et même s'il y a une journée internationale de la femme, ses droits restent un combat de tous les jours.

Parmi elles, nous citons :

1. Emeline pankhurts (1858 – 1928)

Cette femme politique britannique est pionnière dans la lutte des droits des femmes puisqu'elle a créé le « Women's Social and Political Union » (WSPU), l'Union Social et Politique des femmes.

Son combat acharné avec les suffragettes a contribué au droit de vote des femmes, en Angleterre, à partir de 21 ans en 1958.

2. Rosalind franklin (1920 – 1958)

Cette biologiste moléculaire britannique a participé à la découverte de **la Structure ADN**. Rien que ça elle reçoit le prix d'honneur Louisa Gross Horwitz bien après sa mort, en 2008.

3. Simone de beauvoir (1908 – 1986)

Philosophe et féministe incontournable du mouvement de libération de la femme dans les années 70, Simone de Beauvoir est l'auteur du célèbre livre « Le Deuxième Sexe ». « On ne naît pas femme : on le devient ». ceci probablement la citation la plus connue et représentative de son œuvre littéraire, véritable controverse de l'époque.

4. Simone veil (1927 – 2017)

Ministre de la Santé en 1974, Simone Veil a notamment défendu le célèbre projet de loi sur l'interruption volontaire de grossesse (IVG).

La « Loi Veil » est votée le 17 Janvier 1975, moment clé dans l'histoire des droits des femmes.

5. Wangari maathai(1940 – 2011)

Militante Politique et écologiste originaire du Kenya, Wangari Maathai est la **Première Femme Africaine à avoir reçu le prix Nobel de la paix** .C'était en 2004,en l'honneur de sa contribution pour le développement durable, la démocratie et la Paix. On la surnomme souvent « LA FEMME DES ARBRES ».

6. Marie curie (1867 – 1934)

Cette femme d'exception est la **Première scientifique à recevoir le Prix Nobel**. Elle est aussi la seule Femme jusqu'à présent à en avoir reçu deux. Elle fut récompensée pour ses recherches sur le polonium et le radium.

7. **M**alala yousafzai (née en 1997)

Militante Pakistanaise âgée de seulement 18 ans, Malala Yousafzai a reçu le Prix Nobel de la Paix en 2014, ce qui fait d'elle la plus jeune lauréate de cette prestigieuse récompense. **A 11 ans, elle prenait déjà position sur l'accès à l'éducation des jeunes filles**, et ce malgré la menace des talibans dans son pays.

8. **K**athrine switzer (née en 1947)

Kathrine Switzer est **la Première femme américaine à avoir connu le Marathon de Booton en 1967**, 5ans avant que Les Femmes soient officiellement autorisées dans la compétition. Jock Semple, un des organisateurs du Marathon, avait tenté de l'empêcher de courir, sans succès.

9. **R**osa parks (1913 – 2005)

Figure majeure dans la lutte contre la ségrégation raciale, Rosa Park est « La mère du mouvement des droits civiques ». C'est le 1er décembre 1955 que Rosa Parks marque l'histoire aux Etats – Unis en refusant de céder sa place à un homme blanc, dans un bus.

10. **V**alentina terechkova (née en 1937)

Il s'agit de la Première Femme à effectuer un vol dans l'espace. Cette soviétique a marqué l'histoire lors de son voyage spécial du 16 au 19 juin 1963. Aujourd'hui elle est encore l'unique femme à avoir effectué un voyage dans l'espace, seule.

11. **Simone segouin (née en 1925)**

En 1944, âgée de seulement 19 ans, cette jeune femme s'engage dans la résistance. En 1946, elle reçoit la croix de guerre pour son dévouement remarquable lors de la seconde Guerre Mondiale.

Aujourd'hui âgée de 90 ans, Simon Segouin affirme : « si c'était à refaire, je le referais parce que je ne regrette rien … Non, je n'ai aucun regret ».

12. **Margaret hamitou (née en 1925)**

Cette informaticienne et mathématicienne américaine était chargée du logiciel de guidage qui a permis de se rendre sur la lune lors de la mission Apollo 11. On la voit ici poser en 1969 à côté du code qu'elle a écrit pour donner naissance à cette célèbre mission historique.

Pour ne citer que celles – ci. La société a besoin des femmes capables d'apporter la solution et non des femmes à problèmes.

Pendant que certaines femmes justifient leur paresse ou inutilité en accusant les hommes de ne pas leur permettre à jouer leur rôle, il y a de celles – là qui ont marqué et qui marquent l'histoire du monde.

L'Apôtre Paul, incriminé par les extrémistes biblistes, dans son exercice ministériel, va reconnaître qu'il existe aussi des femmes des qualités ou de distinction dans sa société. Ces femmes étaient du haut rang ou de la haute société. Voir Actes 13 : 50 et Actes 17 : 4 , 12.

CONCLUSION

« Ils n'ont ni intelligence, ni entendement, car on leur a fermé les yeux pour qu'ils ne voient point, et le cœur pour qu'ils ne comprennent point » Esaïe 44 :18

« Parce que tu dis : je suis riche , je me suis enrichi, et je n'ai besoin de rien , et parce que tu ne sais pas que tu es malheureux , misérable, pauvre, aveugle et nu, je te conseille d'acheter de l'or éprouvé par le feu, afin que tu devienne riche , et des vêtements blancs , afin que tu sois vêtu et que la honte de ta nudité ne paraisse pas , et un collyre pour oindre tes yeux afin que tu voies. » Apocalypse 3 :17 – 18.

« Toutefois, dans le Seigneur, la femme n'est point sans l'homme, ni l'homme sans la femme. Car de même que la femme a été tirée de l'homme, de même l'homme existe par la femme, et tout vient de Dieu », 1corinthiens 11 : 11 – 12.

En somme, comme il est difficile de déterminer le goût d'un aliment qui est dans la bouche d'une autre personne sans l'avoir mis dans sa propre bouche, il est aussi difficile de rétablir la femme dans ses droits ou sa valeur authentique sans recourir à la vision (les lunettes) de Dieu pour la Femme.

En effet, après avoir lu le récit de la création, on peut dire que L'homme et La Femme existaient tous dans un même corps jusqu'à ce qu'Elohim devait les séparer pour les unir officiellement dans le lien du mariage.

Aucune parole de bénédiction n'était prononcée par Dieu avant la sortie officielle de la Femme.

La société humaine parfois ignorante de la valeur authentique de la femme, doit savoir que sans elle (Femme) , on ne parlerait pas de l'humanité (la société humaine). C'est grâce à elle que l'être humain revêt un caractère social (Genèse 2 : 18).C'est pour cette raison que tout être humain a comme passage obligé le ventre d'une femme.

Il sied de noter que la Femme est plus semblable que différente à l'homme. Selon qu'il est écrit dans Genèse 2 :18 : « L'Eternel Dieu dit : il n'est pas bon que l'homme soit seul ; je lui ferai une aide semblable à lui ».jusqu'ici, Dieu ne parlait pas en terme de la femme, mais d'une « aide semblable ». La Femme est femme parce qu'on l'a appelée femme, mais dans la pensée de Dieu, elle est plus qu'une femme (aide semblable).

Biologiquement, pour obéir à la loi de la reproduction (multiplication), la présence et la différence des sexes trouvent leur justification.

Aux origines, les sexes devaient jouer un rôle primordial dans la mission de l'homme et la femme. Tandis que dans la Nouvelle Alliance, la terre étant remplie, le sexe a perdu son impact pour que l'accent soit mis sur « remplir le royaume de Dieu », en faisant de toutes les nations les disciples (mission spirituelle, Matthieu 28 :19).

Aujourd'hui, pour que la femme ne soit plus traitée de tous les mots ou ne soit plus sujet à débat inutile, il serait mieux de catégoriser celle-ci sous les facettes suivantes :

- Femme authentique (femme à la création) ;
- Femme de Genèse 3 (celle qui a perdu sa dignité à cause du péché, femme sans Christ) ;
- Femme dans le Seigneur (sans sexe) ;
- Femme dans le mariage (compagne de l'homme, femme ayant des limites) ;
- Femme dans la société (actrice du développement).

La Femme a une valeur authentique indépendante du cri de la parité et de l'émancipation. Toute Femme qui demeure sous la domination des hommes est sous la malédiction.

Quand on lit les écrits de l'apôtre Paul en appliquant le collyre de Dieu aux yeux, on se rend compte que dans le contexte du désordre qui régnait dans l'église de Corinthe, Paul s'adressait aux femmes mariées, et s'il faut réfléchir profondément, on se rend compte qu'il s'agissait des femmes de la catégorie de Genèse 3. Cela ne concernait pas les aides semblables dans le Seigneur, car ce même Paul dit en substance que dans le Seigneur, il n'y a ni homme ni femme. Il a aussi reconnu le mérite de certaines femmes de qualité ou de distinction à son époque (galates 3 : 28 ; actes 13 :50 ; actes 17 : 4 ,12).

Pour terminer, je dirai que l'apport de la Femme est important dans la société et dans le monde évangélique. Femme, réveille-toi, prend conscience, fais-toi utile dans la société, tu es plus semblable que différente à l'homme, tu es plus qu'une femme, et tu mérites mieux, car c'est pour toi que JESUS est mort à la croix.

TABLE DE MATIERES

Printed by Books on Demand GmbH, Norderstedt / Germany